Las recetas de La dieta del metabolismo acelerado

Las recetas de La dieta del metabolismo acelerado

Haylie Pomroy

Traducción de
María Laura Paz Abasolo

Grijalbo *vital*

El material presente en este libro tiene fines meramente informativos y de ningún modo sustituye las recomendaciones y cuidados de su médico. Al igual que con otros regímenes de pérdida o control de peso, el programa nutricional y de ejercicio descrito en este libro debe seguirse después de consultar a un médico para asegurarse de que sea apropiado para sus circunstancias individuales. Tenga en mente que las necesidades nutricionales varían de persona a persona, dependiendo de la edad, el sexo, el estado de salud y la dieta total. La autora y la editorial no se hacen responsables de cualquier efecto adverso que ocurra como consecuencia del uso o la aplicación de la información contenida en este libro.

Las recetas de La dieta del metabolismo acelerado

Título original: *The Fast Metabolism Diet Cookbook*

Primera edición: mayo, 2015
Primera reimpresión: octubre, 2015

D. R. © 2013, Haylie Pomroy

D. R. © 2015, derechos de edición mundiales en lengua castellana:
Penguin Random House Grupo Editorial, S. A. de C. V.
Blvd. Miguel de Cervantes Saavedra núm. 301, 1er piso,
colonia Granada, delegación Miguel Hidalgo, C. P. 11520,
México, D. F.

www.megustaleer.com.mx

Traducción de María Laura Paz Abasolo
Ilustraciones: © Thinkstock
Fotografías de portada e interiores de Miki Duisterhof

ISBN: 978-607-313-010-3

Impreso en México – *Printed in Mexico*

El papel utilizado para la impresión de este libro ha sido fabricado a partir de madera procedente de bosques y plantaciones gestionadas con los más altos estándares ambientales, garantizando una explotación de los recursos sostenible con el medio ambiente y beneficiosa para las personas.

Penguin
Random House
Grupo Editorial

*Dedico este libro a mi madre, la doctora
Jeanne Wilson; a mi tía, Pamela Chávez-Hutson,
y a mi abuela, Virginia Hutson, porque sus
platillos hicieron todo mejor.*

Índice

TERCERA PARTE
Apéndices

PRIMERA PARTE

PARA COMENZAR

Prepárate para sanar tu metabolismo con 28 días de comida deliciosa

Si leíste *La dieta del metabolismo acelerado*, ¡felicidades! Has dado un gran paso para reparar no sólo tu metabolismo sino tu relación entera con la comida, porque las recetas en este libro no son sólo para reparar o restablecer un metabolismo perezoso, lento y gastado (aunque lo harán). También son para aprender a amar la comida de nuevo; amar su sabor, sus olores, sus texturas y todas las maneras en que nutre tu cuerpo y tu espíritu.

Quiero que dejes de aferrarte al miedo que tenías a la comida. Quiero que aprendas a ver la comida como tu amiga, tu aliada, tu compañera en tu viaje hacia un tú más saludable y delgado. Quiero que vuelvas a aprender cómo mostrar amor por medio de la comida que sirves a tu familia y a disfrutar el amor que tu familia pone en la comida que cocina para ti.

Sabes que la dieta del metabolismo acelerado implica comer, y comer mucho. Sabes que es una dieta que requiere que comas cinco veces al día, y a veces más; que es una dieta para alimentar a tu metabolismo, usando la comida para avivar tu pérdida de peso; pero para lograr eso necesitas comer alimentos reales, y los alimentos reales necesitan cocinarse, y si estás tan ocupado como la mayoría de mis clientes, esos alimentos necesitan ser fáciles, tener un sabor increíble y ser buenos para ti. Por eso, este recetario te enseñará a cocinar alimentos que sepan muy bien, alimentos que te hagan sentir muy bien y alimentos que te hagan ver muy bien: alimentos que puedas estar orgulloso de poner sobre la mesa para ti, tus invitados y tu familia. Cocinar también te ayudará a convertirte en un partícipe activo de tu bienestar; y te permitirá tener el control de tu salud y reparar un metabolismo que sufrió un desajuste en algún lugar del trayecto.

Mi familia es lo suficientemente afortunada de tener un chef personal que cocine toda esta comida deliciosa, ¡y ese chef personal soy yo! Juntos te convertiremos en tu propio chef y en el chef personal de tu familia, tus amigos y seres queridos pues te enseñaré cómo crear comidas que fortalezcan tu cuerpo, mejoren tu salud y dinamicen tu metabolismo.

Vamos a encontrar al nuevo tú y lo vamos a hacer ahora. Necesitará un poco de trabajo, pero no es nada que no puedas hacer. No voy a pedirte que pases hambre nunca más. Eso es probablemente lo que te metió en este problema en primer lugar. Así que marquemos una línea en la arena. Si la comida ha sido tu enemiga en el pasado, eso ya terminó. Ahora vamos hacia tu futuro, donde la comida será tu medicina. Es lo único que tenemos para moldear nuestros cuerpos, para crear un corazón saludable, huesos y músculos fuertes, y piel, cabello y uñas sanas. Es lo que usamos para avivar la manufactura de las hormonas que regulan todo nuestro cuerpo. No es sólo energía. Es vida.

Es tiempo de dejar de tener miedo a comer y mejor aprender cómo hacerlo de la forma correcta. Ya sea que tengas cinco, 10 o 25 kilos de sobrepeso, requieres esta medicina. Necesitas aprender cómo usar la comida para calmar el estrés, desbloquear la grasa y desatar tu metabolismo.

Yo pretendo revolucionar la forma en que la gente se siente respecto de la comida, la cocina y la forma en que utiliza la comida en su vida. Ésta es la razón de que haya diseñado más de 250 comidas nutritivas, deliciosas y fáciles de preparar que puedes comer en las tres fases de la dieta del metabolismo acelerado. Es por eso que, a lo largo de este libro, encontrarás una gran cantidad de consejos —algunos que se me han ocurrido y otros que mis clientes han compartido conmigo— para ayudar a mantenerte por buen camino mientras reenciendes tu relación con la cocina, la comida y la pérdida de peso.

Sin embargo, hay ciertas cosas que no encontrarás en este recetario: no encontrarás ningún ingrediente falso o empaquetado; no encontrarás endulzantes artificiales o alimentos endulzados artificialmente; tampoco encontrarás ningún conteo de calorías, carbohidratos o gramos de grasa. En cambio, quiero verte cocinando, preparando y disfrutando comida real: la comida que es la piedra angular de un metabolismo saludable y acelerado. Mi meta principal es promover la salud y hacer que la pérdida de peso suceda. Esa es mi tarea por eso entraremos juntos a la cocina.

Ésta es una dieta llena de placer, no de negación. Voy a guiarte en una nueva dirección para ayudarte a disfrutar la comida otra vez, en lugar de temerla, prohibírtelo o dividirla en pequeños platitos. Con la dieta del metabolismo acelerado, los efectos secundarios desagradables de las dietas simplemente no ocurrirán. ¡No se vale morir de hambre! Despertarás tu metabolismo de la forma correcta para aumentar tu promedio de músculo y grasa mientras disfrutas de una salud mejor, de más energía y de toda la gran comida que aprenderás a preparar con este libro.

Cocinar es una actividad sagrada y tranquilizadora para mí. Si entraras a mi cocina me encontrarías con dos ollas de cocción lenta y con una olla sopera al mismo tiempo, porque tal vez sea la única noche que puedo cocinar de toda la semana. Ya que todo se enfríe, verás contenedores de plástico y bolsas para congelar por todas partes; entonces divido todo para las comidas familiares, las comidas de una porción, los desayunos, los almuerzos y las cenas, y lo etiqueto y lo meto en el refrigerador. Puede ser una línea de ensamblaje de locura durante una tarde, pero ya no cocino el resto de la semana. A veces incluso invito a amigos para cocinar en una fiesta del tipo "traigan su propio contenedor de plástico".

Pero por más que me guste cocinar, también tengo una vida ocupada y a veces con carencias económicas, emocionales y de tiempo, y apuesto que tú también vives así. Por lo tanto, la mayoría de las recetas que he incluido aquí son las que preparo a diario, así que sé que son bastante rápidas y pueden prepararse sobre la marcha. Muchas pueden elaborarse con un presupuesto limitado; algunas más puedes servirlas a un rey. También sé que la mayoría de estas comidas pueden congelarse y recalentarse bien.

Todas éstas son recetas que disfruto y cocino para que también las disfruten mis amigos, mi familia y mis clientes. De hecho, muchos han dado su opinión sobre cuáles de sus favoritas querían que incluyeran en este libro. De muchas formas, cocinar hace comunidad, y ahora tú también eres parte de esa comunidad, así que de cierta manera estaremos cocinando juntos. Debes saber que seguramente estoy picando, congelando, cocinando a fuego lento y horneando junto contigo.

Así que, si quieres compartir tus recetas, por favor visita mi página web:

www.fastmetabolismdiet.com.

CAPÍTULO UNO

¿Qué es la dieta del metabolismo acelerado? Un resumen

Antes de entrar a la cocina tomemos unos cuantos minutos para recordar qué es el metabolismo, cómo funciona y por qué está hecho un desastre en primer lugar.

Entonces, ¿qué es el metabolismo exactamente? Primero, el metabolismo es un proceso, no un objeto. Específicamente, el proceso metabólico consiste en reacciones químicas que ocurren en las células de todos los organismos vivos para asegurar la vida. Es el cambio o la transformación del alimento ya sea en calor y combustible, o en sustancia (músculo, grasa, sangre y hueso). En cualquier momento, tu metabolismo está ya sea quemando, guardando o construyendo.

Tienes un metabolismo porque estás vivo y la vida requiere energía. Todos necesitamos energía para sobrevivir —para respirar, movernos, pensar y reaccionar—, y la única forma de obtener esta energía es por medio de la comida. Comida que compraste, picaste, cocinaste y disfrutaste. ¡Qué profundo! Un metabolismo sano y funcional nos permite tener la cantidad exacta de energía disponible, una cantidad adecuada de energía de reserva guardada y lista para usarse, y una estructura fuerte y estable (el cuerpo).

Sin embargo, un metabolismo enfermo, un metabolismo lento, no puede acceder eficientemente al combustible de la comida que ingieres, así que en lugar de quemar ese combustible como energía, lo conserva como grasa en tu cuerpo, guardándolo para cuando tu cuerpo se encuentre en un estado más saludable. Las dietas, los alimentos no nutritivos, el desbalance hormonal, consumir contaminantes químicos e industriales mal llamados comida, y vivir con demasiado estrés son lo que vuelve lento tu metabolismo cuando debería acelerarse.

Tal vez hayas intentado una o unas cuantas docenas de dietas en el pasado. Tal vez hayas contado calorías y gramos de grasa, o comido alimentos empaquetados con una caducidad de millones de años. Puedes estar frustrado con las dietas porque ya no puedes soportar comer otra galleta falsa o una barrita asquerosa, o algún producto dietético con sabor artificial y endulzado artificialmente con tal de perder peso. Tal vez incluso estás enojado por invertir tiempo y dinero en un programa que no tomó en cuenta el hecho de que eres una persona real con demandas, necesidades y deseos reales. O tal vez perdiste peso pero nunca reparaste tu metabolismo, así que al segundo de que dejaste la dieta, recuperaste el peso de forma agresiva. Tal vez estás furioso porque nadie te enseñó a comprar, preparar y cocinar comidas saludables. Vamos a cambiar todo eso.

Es momento de pasar de la culpa, el remordimiento y el desprecio hacia ti mismo, al futuro. Éste es el cambio de paradigma que tu cuerpo necesita y que creará una versión nueva y más sana de ti. El nuevo tú verá la comida como una herramienta para reparar el daño y restaurar la salud, y verás el proceso de cocinar y comer como una alegría y una causa para presumir. Muchos de mis clientes toman fotos de los platillos que han hecho y las comparten en mi página de Facebook; muchos incluso dejan la comida en mi oficina. ¿Por qué? ¡Porque están orgullosos de lo que han cocinado! Mis clientes se han enamorado de nuevo de la comida, y tú también lo harás mientras avances en la lectura de este recetario.

El nuevo tú amará las frutas y los granos, y la proteína y las grasas buenas. Si has leído *La dieta del metabolismo acelerado* el nuevo tú sabe cómo el cuerpo reacciona a los alimentos específicos y a una alimentación estratégica, y si has tomado este recetario, ahora el nuevo tú tiene todas las recetas y los recursos para cocinar toda la comida vital para perder peso ¡y no recuperarlo jamás!

Hacer dietas todo el tiempo apaga tu metabolismo, pero la dieta del metabolismo acelerado aviva el fuego nuevamente. Trabaja sobre una premisa sencilla: confundirlo para perderlo. Así como podrías hacer un entrenamiento combinado para mejorar el desempeño atlético de tu cuerpo físico, el entrenamiento combinado de tu metabolismo estimula diversos mecanismos de quema, construcción y reparación para maximizar tu esfuerzo.

Cuando tu metabolismo se ha vuelto disfuncional, necesita el equivalente de un entrenador personal para volver a estar en forma, alguien que tome la comida y la utilice para esculpir la materia prima de tu cuerpo en el cuerpo de tus sueños. Considérame ese entrenador y *Las recetas de* La dieta del metabolismo acelerado tu guía para ayudarte a lograrlo.

Piénsalo de esta forma. Si sólo haces una clase de ejercicio, como correr o usar una caminadora, tu cuerpo se acostumbra a ese ejercicio y pronto dejas de ver resultados. Llegas a un estancamiento porque utilizas los mismos músculos de la misma manera todos los días, descuidando todos los demás músculos de tu cuerpo. De la misma forma en que el entrenamiento combinado rompe esa rutina al mantener tu cuerpo sorprendido, la dieta del metabolismo acelerado rompe tus patrones alimenticios al inundarte con algunos de los nutrientes vitales que no has tenido, pero nunca de la misma forma por más de dos o tres días seguidos.

Esta estrategia mantiene a tu cuerpo trabajando, sorprendido y apoyado, invirtiendo los patrones bioquímicos que han vuelto lento tu metabolismo. Es una llamada de atención a tu cuerpo y desatará una hoguera que calcinará las calorías y las grasas como nunca antes.

Combinar las rutinas de entrenamiento metabólico también tiene la ventaja de cambiar las comidas que preparas y consumes para que tu gusto no vuelva a estancarse en la rutina o se aburra. Dos días comiendo de una forma, dos días comiendo de otra, y luego tres días comiendo de una manera nueva y deliciosa. Es divertido, es interesante, es delicioso y funciona.

Recuerda, tu metabolismo es el sistema con que tu cuerpo se encarga de la energía que adquieres con la comida. El metabolismo envía esa energía hacia diferentes direcciones de acuerdo con lo que comes y lo que haces. La belleza de tu metabolismo es que puede manipularse porque cómo comes y cómo te mueves y vives afecta cuánto de tu comida se conserva como grasa, cuánto se usa como energía y cuánto se emplea en construir la estructura de tu cuerpo.

Esta manipulación es lo que aprendía cuando estudié ciencia animal. La industria de la ciencia animal utiliza este conocimiento sobre energía, reserva y estructura para crear ganado que sea idealmente proporcional para consumo, junto con miles de millones de dólares de ganancia.

Años de estudio y trabajo clínico me han enseñado cómo hacer que tu metabolismo se ponga de pie y aguce su atención, y cómo impulsarlo para que se ponga a trabajar y empiece a quemar la grasa que te ha acosado durante años. En este recetario te mostraré cómo preparar los alimentos deliciosos y nutritivos que lograrán eso para ti. Soy tu nutrióloga/chef personal ahora. Con este libro llevo mi programa hasta ti. Quiero que todos los que deseen perder peso y estar saludables puedan hacerlo rápida, efectiva y permanentemente.

Éste no es un plan de alimentación para quien hace una dieta por primera vez. Éste es un plan de alimentación para quienes hacen una dieta por última vez. Si estás a punto de darte por vencido de alcanzar tu peso ideal, tu lucha ha terminado. Es tiempo de amar la comida y saber cómo usarla para perder peso real y permanentemente.

Por medio de mi rotación sistemática de alimentos definidos en días específicos, a horas estratégicas, el cuerpo se transformará gracias al ciclo entre descanso y recuperación activa del metabolismo. Tu cuerpo se mantiene sorprendido, nutrido y revitalizado hasta que se convierte en una hoguera quemagrasa y el peso finalmente se pierde, como siempre soñaste que sucedería.

Comerás de tres formas diferentes en cada semana, de acuerdo con la fase 1, la fase 2 y la fase 3. Esta rotación de fases continúa durante cuatro semanas, de la misma forma cada semana, para cubrir todos los escenarios bioquímicos posibles del ciclo mensual de tu cuerpo (tanto para mujeres como para hombres). Como resultado, empezarás a quemar alimentos y consumir grasa corporal como nunca antes.

Ésta no es una promesa vana. Puedes hacerlo. He visto que sucede una y otra vez, para mujeres, para hombres, para personas en sus veinte y en sus setenta. Lo he visto suceder con personas de todo tipo de alimentación: gente sensible al gluten, los vegetarianos y los veganos, y los amantes de la carne. No importa qué alimentos te encante comer, este recetario tiene algo para ti. Las recetas son fáciles de seguir y difíciles de resistir.

En mi práctica clínica trabajo con muchos clientes con diferentes restricciones alimenticias, algunas prescritas por su doctor por el colesterol o por una condición médica, como enfermedad celiaca o alergias. Otras son por preferencias personales o por creencias éticas, como el vegetarianismo o el veganismo. Dado que estoy en el escenario clínico, tuve que desarrollar comidas y recetas creadas para toda clase de necesidades médicas y filosóficas. Es la razón de que este libro contenga tantas recetas que se adapten o conviertan fácilmente al vegetarianismo o veganismo (mientras te permiten añadir ingredientes como búfalo, pavo o pollo a las recetas vegetarianas, en caso de que prefieras las proteínas animales). Es la razón de que muchas de las recetas tengan opciones de granos y no contengan gluten (exceptuando las pocas recetas donde aviso que utilizo cebada). Y es la razón de que todas estas recetas te permitan intercambiar cualquier ingrediente dentro de la misma fase y el mismo grupo de alimentos; así que alguien alérgico a los mariscos puede cambiar los callos de hacha por halibut, o alguien alérgico al jitomate puede cambiarlo por calabacín.

Estas recetas son las favoritas de muchos de mis clientes, de los cuales varios tienen enfermedad celiaca, son vegetarianos o padecen severas alergias alimenticias. Éstas son recetas creadas cuidadosamente para introducirlas en la vida real de gente real. Y ahora estoy muy emocionada de presentártelas también.

LOS CINCO PARTICIPANTES PRINCIPALES

Como sabes, percibo la comida como medicina, así que recordemos cómo utilizarás toda esta comida para sanar tu cuerpo.

1. Tu hígado: El hígado es responsable de más de 600 funciones metabólicas del organismo cada día. El hígado regula si guardas azúcar como grasa o la quemas como combustible. Alimentos altos en proteína y vegetales verdes alcalinos y ricos en nitrógeno, como los de la fase 2, son catalizadores para la función hepática.

2. Tus glándulas suprarrenales: Regulan las hormonas de estrés, determinan el desarrollo de músculo y grasa, y ayudan a regular el nivel de azúcar en la sangre a lo largo del día. Son responsables de todo, desde tu nivel de energía hasta tu nivel de estado de ánimo, y se alivian y nutren con frutas con alto contenido glucémico, como mangos y piñas, y granos complejos, como arroz integral y quinoa, que comerás mucho durante la fase 1. Gracias a las glándulas suprarrenales, los alimentos correctos pueden ser una de las mejores formas de reducir el estrés.

3. Tu tiroides: Esta estrella de rock metabólica es responsable de más de 80 por ciento de tu capacidad de quemar grasa. Las hormonas secretadas por la tiroides se alimentan de las grasas buenas encontradas en aguacates, nueces, semillas, coco y aceites de oliva, y de semilla de uva que disfrutarás en la fase 3.

4. Tu pituitaria: Es la conductora de esta magnífica orquesta que llamamos tu cuerpo. Es vitalizada por micronutrientes en alimentos naturales reales, vivos, la esencia misma de la dieta del metabolismo acelerado, y todas las recetas que encuentres en este libro han sido elegidas intencionalmente para alimentar como reina a esta conductora.

5. Tu sustancia corporal: ¿Conoces el viejo dicho "Eres lo que comes"? Es cien por ciento cierto. Tus huesos, cabello, piel, uñas, grasa y estructura muscular se determinan por lo que comes, cómo el cuerpo metaboliza esos nutrientes y cómo las hormonas regulan dónde distribuyes esos nutrientes. Estas recetas de *La dieta del metabolismo acelerado* están diseñadas para generar músculo, quemar grasa y mantener sanos el cabello, la piel y las uñas.

TU GUÍA DE BOLSILLO

Completarás un ciclo con tres distintas fases para cada una de las cuatro semanas de la dieta del metabolismo acelerado:

Fase 1: **Sosegar** el estrés y calmar las suprarrenales
    Lunes-martes: Muchos carbohidratos y fruta

Fase 2: **Desbloquear** las reservas de grasa y generar músculo
    Miércoles-jueves: Muchas proteínas y verduras

Fase 3: **Desatar** la combustión: hormonas, corazón y calor
    Viernes-domingo: Todo lo anterior, más grasas saludables y aceites

Consideremos cómo las tres fases de la dieta del metabolismo acelerado convencen a tu cuerpo de quemar grasa, generar músculo, equilibrar hormonas y sentar las bases para la creación de un tú más saludable. Nuestros cuerpos requieren una dieta variada con el fin de obtener todos los nutrientes necesarios para desempeñar todas las funciones biológicas, fisiológicas y neuroquímicas. Es justamente lo que las tres fases de la dieta del metabolismo acelerado te dan. Necesitas carbohidratos complejos, azúcares naturales, proteína, grasa e incluso sal para mantener normal la química de tu cuerpo. A veces necesitas altos niveles terapéuticos de estos elementos, especialmente cuando te has estado privando de ellos por mucho tiempo. Incluir estos combustibles, pero no todos al mismo tiempo, te ayuda a reconstruir, restablecer, enriquecer y reponer tu agotado cuerpo y tu metabolismo apagado.

Cada fase dura sólo un corto tiempo para que no agotes ningún sistema o parte de tu cuerpo. Realizar cualquier fase durante mucho tiempo es como pedirte que limpies toda la casa sin haber dormido la noche anterior.

Para cada una de las cuatro semanas seguirás una rotación de tres fases. Cada fase está estratégicamente diseñada para hacer trabajar y permitir descansar diferentes sistemas corporales, mientras que cada uno tiene oportunidad de trabajar durante cada semana del ciclo natural del cuerpo (28 días). Al segmentar el trabajo de esta manera, tu cuerpo tendrá toda la atención, el apoyo y las altas expectativas que necesita, una fase o un par de días a la vez.

Así que estarás cocinando de tres formas únicas en una misma semana. Lunes y martes cocinarás para la fase 1, miércoles y jueves cocinarás para la fase 2, y viernes, sábado y domingo cocinarás para la fase 3. Luego repetirás esa rotación semanal cuatro veces para un total de 28 días. Cada semana consiste en tres estilos únicos de cocinar, dos grupos de ingredientes únicos y toneladas de opciones. Dado que estás cambiando lo que comes cada dos o tres días, las recetas de cada semana fácilmente pueden incluir licuados de frutas tropicales, abundantes pastas de quinoa, frituras de raíces vegetales, ensaladas gigantes, reconfortantes pasteles de carne, platillos ligeros de pescado, cremas y chilis especiados.

FASE 1: SOSEGAR EL ESTRÉS

Ésta es la fase del alto índice glucémico, pocas proteínas y casi nada de grasa.

CÓMO COMER
No es necesario que empieces la fase 1 en lunes, pero me parece que es la forma más fácil de organizarte. De la lista maestra de alimentos consumirás:

- Tres comidas ricas en carbohidratos, con pocas proteínas y casi nada de grasa
- Dos refrigerios de fruta

Encontrarás la lista completa de alimentos al final del capítulo.
Tu día será así:

Desayuno	Refrigerio	Comida	Refrigerio	Cena
Granos Fruta	Fruta	Granos Proteína Fruta Vegetales	Fruta	Granos Proteína Vegetales

Ejercicio de la fase 1

Haz por lo menos un día de ejercicio cardiovascular vigoroso, como correr o usar la escaladora elíptica, o toma una clase animada de ejercicios aeróbicos en la fase 1. El cardio es ideal para quemar el exceso de hormonas de estrés.

FASE 2: DESBLOQUEAR LAS RESERVAS DE GRASA

Ésta es la fase alta en proteínas y verduras, y baja en carbohidratos y grasas.

CÓMO COMER

Si iniciaste la fase 1 el lunes, entonces la fase 2 siempre será el miércoles y el jueves. De la lista maestra de alimentos de esta fase consumirás:

- Tres comidas altas en proteínas y bajas en carbohidratos y grasas
- Dos refrigerios de proteína

Encontrarás la lista completa de alimentos al final del capítulo.
Tu día será así:

Desayuno	Refrigerio	Comida	Refrigerio	Cena
Proteína Verdura	Proteína	Proteína Verdura	Proteína	Proteína Verdura

Ejercicio de la fase 2

Haz por lo menos un día de entrenamiento de fuerza (levantar pesas) durante la fase 2. Enfócate en levantar mucho peso y hacer pocas repeticiones. Esto estimula al hígado para formar músculo y quemar grasa. Despídete de toda la grasa vieja que ha estado acumulada en tu cuerpo durante años.

FASE 3: DESATAR LA COMBUSTIÓN

Ésta es la fase alta en grasas saludables, con pocos carbohidratos y proteínas, y frutas de bajo índice glucémico.

CÓMO COMER

Si iniciaste la fase 1 el lunes, entonces la fase 3 siempre será el viernes, el sábado y el domingo. De la lista maestra de alimentos de esta fase consumirás:

- Tres comidas
- Dos refrigerios de grasas saludables

Encontrarás la lista completa de alimentos al final del capítulo.
Tu día será así:

Desayuno	Refrigerio	Comida	Refrigerio	Cena
Fruta	Verdura	Grasa/proteína	Verdura	Grasa/proteína
Grasa/proteína	Grasa/proteína	Verdura	Grasa/proteína	Verdura
Grano		Fruta		Opcional:
Verdura				grano/almidón

Ejercicio de la fase 3

Haz al menos un día de actividad que reduzca el estrés, como yoga o respiraciones profundas, o disfrutar un masaje. Esto ayudará a mantener un equilibrio saludable de hormonas, incluyendo a la superheroína que es la hormona tiroidea.

LAS REGLAS

Los alimentos en este recetario son tan fabulosos que quizá no te has dado cuenta de que seguimos algunas reglas estrictas. Pero la meta aquí es reparar tu metabolismo, así que estas reglas son necesarias. Síguelas mientras vuelves tuyas estas recetas.

Así que empecemos a cocinar porque te gustará la primera regla: Tienes que comer. De hecho, la primera regla de la dieta del metabolismo acelerado es que debes comer cinco veces cada día. Son 35 veces a la semana. ¡Y no se vale hacer trampa o saltarte comidas!

Qué hacer

Regla 1: Debes alimentarte cinco veces al día: tres comidas y dos refrigerios al día. No se vale saltarse comidas ni refrigerios.

Regla 2: Debes comer cada tres o cuatro horas, excepto cuando duermes.

Regla 3: Debes comer durante la primera media hora después de despertar. Todos los días.

Regla 4: Debes seguir el plan durante los 28 días completos.

Regla 5: Debes apegarte a los alimentos permitidos en cada fase. Religiosamente. Repito: sólo los alimentos en la lista de la fase en que estés.

Regla 6: Debes seguir el orden de las fases.

Regla 7: Debes beber la tercera parte de tu peso en decilitros de agua cada día (así que, por ejemplo, si pesas 80 kilos, debes beber 26 decilitros de agua).

Regla 8: Elige alimentos orgánicos siempre que puedas.

Regla 9: La carne debe ser libre de nitratos.

Regla 10: Debes ejercitarte tres veces a la semana, de acuerdo con la fase en la que estés.

Cuando prepares tus alimentos notarás que algunos ingredientes no están incluidos en ninguna de las recetas de este libro. Se eliminaron intencionalmente, no fue un error.

Qué no hacer

Regla 1: Nada de trigo.

Regla 2: Nada de maíz.

Regla 3: Nada de lácteos.

Regla 4: Nada de soya.

Regla 5:   Nada de azúcar refinada.
Regla 6:   Nada de cafeína.
Regla 7:   Nada de alcohol.
Regla 8:   Nada de fruta seca ni jugos de fruta.
Regla 9:   Nada de endulzantes artificiales.
Regla 10: Nada de alimentos "de dieta" sin grasas.

Ya sea que cocines al pie de la letra las recetas de este libro o les des un giro personal, no agregues a escondidas ninguno de estos ingredientes. Los excluyo intencionalmente. Estos alimentos hacen más difícil, si no imposible, restaurar y reparar tu metabolismo.

Recuerda, estamos juntos para una meta común. No estoy aquí para ser permisiva, sino para reparar tu metabolismo. Puedo ser estricta cuando se trata del plan, pero lo hago por amor. Me importas. Me importa tu vida y me importa tu salud. Estoy aquí para ayudarte y para cocinar contigo. Todo lo que necesitas es comer los alimentos: alimentos buenos, deliciosos y reales. En este libro encontrarás una gran variedad de desayunos, comidas y cenas que te harán agua la boca, así como docenas de refrigerios, salsas, licuados e incluso postres que puedes disfrutar en cada una de las tres fases de la dieta del metabolismo acelerado. Encontrarás un sinnúmero de entradas y refrigerios vegetarianos, y más de 75 opciones vegetarianas llenadoras y nutritivas.

Para mis amigos veganos incluso incluí proteínas de soya en algunas recetas de la fase 2. ¡Carnívoros y vegetarianos, éstas no son para ustedes! Recuerden, sólo los veganos pueden romper la regla de la soya, sólo los veganos pueden consumir productos orgánicos de soya, que no sean modificados genéticamente, ¡y sólo en la fase 2! E incluso, si eres vegano, te pido que por favor uses la soya como reserva porque es difícil reparar el metabolismo y estimular los músculos para una quema saludable de grasa con demasiada soya en tu sistema.

Y tengo más buenas noticias para quienes no comen carne: también incluí una guía fácil para cambiar alimentos y ayudarlos a volver vegetariana cualquier entrada, sin perder el sabor o los nutrientes.

Incluso encontrarás recetas para salsas y aderezos que puedes consumir en cualquier comida apropiada de la fase en que estés. Añade de 2 a 4 cucharadas a una ensalada, viértelas sobre un filete, úsalas como marinada o para remojar cualquier verdura cruda o al vapor que sea de tu fase.

Te confieso: ¡Amo la comida! Dulce, salada, picante, cremosa y agria. Creo que el placer de disfrutar todos los sabores en realidad aumenta tu metabolismo. Es por eso que también incluí algunos postres deliciosos y licuados decadentes, que no sólo saben rico, sino que pueden incrementar la combustión si se usan estratégicamente. El trato es éste:

REGLA EXTRA

Disfruta tus postres y licuados de tres formas:

1. Come el postre como un refrigerio, sólo asegúrate de que incluya los alimentos correctos para la fase en que estés. Podría ser así:

   - En la fase 1: Come cualquier postre que tenga fruta (ejemplo: sorbete de naranja, página 92).
   - En la fase 2: Come cualquier postre que tenga proteína (ejemplo: merengue de limón, página 149).
   - En la fase 3: Come cualquier postre que contenga grasas saludables (ejemplo: budín de coco y almendra, página 207).

2. Come un postre adicional que aumente tu metabolismo con alguna comida, sólo asegúrate de que contenga los grupos alimenticios específicos para la comida de esa fase, y agrega también un día más de ejercicio.

   - En la fase 1: Añade un postre con un segundo día de cardio.
   - En la fase 2: Añade un postre con un segundo día de entrenamiento de fuerza.
   - En la fase 3: Añade un postre con un segundo día de actividad para reducir estrés.

Así que si tienes un compromiso para cenar o en general te gusta comer algo dulce antes de dormir sólo haz ejercicio también ese día ¡y disfruta!

3. Toma un licuado en cualquier comida o refrigerio, mientras cumpla con los requerimientos alimenticios de esa fase.

   - En la fase 1: Cualquier licuado que contenga fruta y granos puede contar como desayuno (ejemplo: licuado de quinoa y pera, página 85), y cualquier licuado que sea sólo de fruta puede contar como refrigerio (ejemplo: licuado tropical, página 86).
   - En la fase 2: Dado que todos los licuados contienen vegetales, puedes comerlos a cualquier hora.
   - En la fase 3: Cualquier licuado que contenga grasas saludables puede contar como refrigerio (ejemplo: licuado de aguacate, página 200).

CAPÍTULO DOS

Usa *Las recetas de* La dieta del metabolismo acelerado para calmar, desbloquear y desatar tu camino hacia un tú más delgado y más saludable

L a dieta del metabolismo acelerado es un programa diseñado para ajustarse a tus necesidades personales, tus preferencias alimenticias, tu meta de pérdida de peso y tu estilo de vida. Ahora usemos este libro para ajustar específicamente las recetas y los planes de alimentación a ti. Primero, las porciones.

GUÍA DE PORCIONES

Para determinar el tamaño de tus porciones primero debemos determinar tu peso ideal. No te diré cuál es. Tú ya sabes exactamente cuánto quieres pesar y con qué peso te sientes cómodo. Toma esa cifra y réstala de tu peso actual. Esa cifra determina el tamaño de tus porciones en la dieta del metabolismo acelerado.

- Si quieres perder 10 kilos o menos: Sigue la lista de porciones básicas en la tabla siguiente y las porciones incluidas en las recetas de este libro.

- Si quieres perder entre 10 y 20 kilos: Añade media porción. Por ejemplo, si la porción de sopa es de 2 tazas y quieres perder entre 15 y 20 kilos, entonces tomarías 3 tazas de sopa.

- Si tu meta a largo plazo es perder más de 20 kilos: Incluso si tienes que perder más de 20 kilos, comerás como si sólo quisieras perder 20 (por ejemplo, 3 tazas de chili), con una excepción: necesito que dupliques tu porción de verduras. Así que si la porción sugerida para alguien que intenta perder 20 kilos es 2 tazas de espinacas, quiero que comas 4 tazas para que podamos mantener la vista en la meta a largo plazo y usar la comida como el catalizador que vuelva esa pérdida de peso continua.

META DE PÉRDIDA DE PESO A LARGO PLAZO: 10 KILOS O MENOS

	Fase 1	Fase 2	Fase 3
Carne	110 gramos	110 gramos (55 gramos para el refrigerio)	110 gramos
Pescado	170 gramos	170 gramos (85 gramos para el refrigerio)	170 gramos
Claras de huevo	3 claras de huevo	3 claras de huevo para comidas y 1 para refrigerios	1 huevo entero más 2 claras adicionales, máximo
Leguminosas/frijoles	½ taza	Nada	½ taza
Granos cocidos: arroz, pasta, quinoa	1 taza	Nada	½ taza
Galletas o pretzels	30 gramos	Nada	½ onza
Pan, bagels, tortillas	1 rebanada de pan, ½ bagel, 1 tortilla	Nada	1 rebanada de pan, ½ bagel, 1 tortilla
Avena	½ taza cruda, 1 taza cocida	Nada	¼ de taza cruda, ½ taza cocida
Fruta	1 taza o 1 pieza	1 taza o 1 pieza (sólo limones y limas en esta fase)	1 taza o 1 pieza
Verduras y verduras de hoja verde para ensaladas	Ilimitado	Ilimitado	Ilimitado
Aceites	Nada	Nada	3 cucharadas
Humus	Nada	Nada	½ taza
Guacamole	Nada	Nada	½ taza
Aguacate	Nada	Nada	½ aguacate
Nueces crudas	Nada	Nada	¼ de taza
Mantequillas de nueces crudas y semillas	Nada	Nada	2 cucharadas

	Fase 1	Fase 2	Fase 3
Aderezos	2 a 4 cucharadas	2 a 4 cucharadas	2 a 4 cucharadas
Licuados	Un vaso de 340 mililitros	Un vaso de 340 mililitros	Un vaso de 340 mililitros
Hierbas	Ilimitado	Ilimitado	Ilimitado
Especias	Ilimitado	Ilimitado	Ilimitado
Caldos	Ilimitado	Ilimitado	Ilimitado
Condimentos	Ilimitado	Ilimitado	Ilimitado

META DE PÉRDIDA DE PESO A LARGO PLAZO: 10-20 KILOS

	Fase 1	Fase 2	Fase 3
Carne	170 gramos	170 gramos (85 gramos para el refrigerio)	170 gramos
Pescado	250 gramos	250 gramos (125 gramos para el refrigerio)	250 gramos
Claras de huevo	4 claras de huevo	4 claras de huevo para las comidas, 2 claras para los refrigerios	2 huevos completos más 3 claras adicionales, máximo
Leguminosas/frijoles	¾ de taza	Nada	¾ de taza
Granos cocidos: arroz, pasta, quinoa	1 ½ tazas	Nada	¾ de taza
Galletas o pretzels	45 gramos	Nada	20 gramos
Pan, bagels, tortillas	1 ½ rebanadas de pan, ¾ de bagel, 1 ½ tortillas	Nada	1 ½ rebanadas de pan, ¾ de bagel, 1 ½ tortillas
Avena	1 ½ tazas cocidas	Nada	¾ de taza cocida
Fruta	1 ½ tazas o 1 ½ piezas	1 ½ tazas o 1 ½ piezas (sólo limones y limas en esta fase)	1 ½ tazas o 1 ½ piezas

	Fase 1	Fase 2	Fase 3
Verduras y verduras de hoja verde para ensaladas	Ilimitado	Ilimitado	Ilimitado
Aceites	Nada	Nada	4½ cucharadas
Humus	Nada	Nada	½ taza
Guacamole	Nada	Nada	½ taza
Aguacate	Nada	Nada	½ aguacate
Nueces crudas	Nada	Nada	¾ de taza
Mantequillas de nueces crudas y semillas	Nada	Nada	3 cucharadas
Aderezos	3 a 6 cucharadas	3 a 6 cucharadas	3 a 6 cucharadas
Licuados	Un vaso de 450 mililitros	Un vaso de 450 mililitros	Un vaso de 450 mililitros
Hierbas	Ilimitado	Ilimitado	Ilimitado
Especias	Ilimitado	Ilimitado	Ilimitado
Caldos	Ilimitado	Ilimitado	Ilimitado
Condimentos	Ilimitado	Ilimitado	Ilimitado

META DE PÉRDIDA DE PESO A LARGO PLAZO: MÁS DE 20 KILOS

	Fase 1	Fase 2	Fase 3
Carne	170 gramos	170 gramos (85 gramos para el refrigerio)	170 gramos
Pescado	250 gramos	250 gramos (125 gramos para el refrigerio)	250 gramos
Claras de huevo	4 claras de huevo	4 claras de huevo para las comidas, 2 claras para los refrigerios	2 huevos enteros más 3 claras adicionales, máximo
Leguminosas/frijoles	¾ de taza	Nada	¾ de taza
Granos cocidos: arroz, pasta, quinoa	1½ tazas	Nada	¾ de taza

	Fase 1	Fase 2	Fase 3
Galletas o pretzels	45 gramos	Nada	45 gramos
Pan, bagels, tortillas	1½ rebanadas de pan, ¾ de bagel, 1½ tortillas	Nada	1½ rebanadas de pan, ¾ de bagel, 1½ tortillas
Avena	1½ tazas cocida	Nada	¾ de taza cocida
Fruta	1½ tazas o 1½ piezas	1½ tazas o 1½ piezas	1½ tazas o 1½ piezas
Verduras y verduras de hoja verde para ensaladas	Ilimitado, pero duplica las porciones sugeridas en las recetas	Ilimitado, pero duplica las porciones sugeridas en las recetas	Ilimitado, pero duplica las porciones sugeridas en las recetas
Aceites	Nada	Nada	4½ cucharadas
Humus	Nada	Nada	½ taza
Guacamole	Nada	Nada	½ taza
Aguacate	Nada	Nada	¾ de aguacate
Nueces crudas	Nada	Nada	⅜ de taza
Mantequillas de nueces crudas y semillas	Nada	Nada	3 cucharadas
Aderezos	3 a 6 cucharadas	3 a 6 cucharadas	3 a 6 cucharadas
Licuados	Un vaso de 450 mililitros	Un vaso de 450 mililitros	Un vaso de 450 mililitros
Hierbas	Ilimitado	Ilimitado	Ilimitado
Especias	Ilimitado	Ilimitado	Ilimitado
Caldos	Ilimitado	Ilimitado	Ilimitado
Condimentos	Ilimitado	Ilimitado	Ilimitado

No importa cuánto tengas que perder, puedes comer tantas verduras como desees. Pero si tu meta a largo plazo es perder más de 20 kilos, necesitas comer por lo menos el doble de la porción de verduras recomendada para cada comida y refrigerio. Aun así, cuando se trata de verduras, entre más, mejor. Contienen todas esas enzimas y fitoquímicos importantes que fomentan el metabolismo de las grasas, así que éntrale a las verduras.

Muchos me preguntan por qué creo que necesitan comer porciones más grandes si tienen que perder más peso. Si inicias este programa para perder más de 10 kilos, será necesaria

más comida (¡no menos!) para mantener tu metabolismo ardiendo. Estamos usando la comida como medicina para sanar tu metabolismo. Si consultas a un médico por tener la
presión arterial muy alta, el doctor probablemente diagnostique una dosis muy alta de me-
dicamentos para controlar la situación. Luego empezará a bajar la dosis mientras el cuerpo
se estabiliza. Pues, cuando tu metabolismo está desbalanceado de una forma alarmante y la
comida es la medicina, necesitas comenzar con una dosis alta para recuperar el control.

Recuerda que no importa el tamaño de la porción. No dudes en cocinar mucho. Estas recetas están diseñadas específicamente para ser duplicadas o triplicadas, con el fin de que puedas congelar las porciones sobrantes para la siguiente vez que pases esa fase en tu ciclo.

GUÍA PARA CAMBIOS FÁCILES DE ALIMENTOS

A lo largo de este recetario encontrarás una gran cantidad de sugerencias para cambiar alimentos y mantener tu gusto revolucionado y animado. Algunas son ideas para convertir
una receta en vegana o vegetariana, otras son sólo para añadir todavía más variedad a tu dieta. No tengas miedo de cambiar un ingrediente por otro, siempre y cuando ese ingrediente
esté en la lista de alimentos de tu fase, por supuesto.

Usualmente les digo a mis clientes que si preparan muchas veces una receta en particular,
deberían intentar cambiar una verdura por otra de la misma lista de alimentos, para que su
gusto no se aburra. Sólo ten en mente que puedes intercambiar únicamente entre grupos de
alimentos: fruta por fruta, verdura por verdura o proteína por proteína. No me refiero a que
puedes cambiar el brócoli por piña, sino que en lugar de brócoli pruebes ejotes. No pienses
tampoco que puedes dejar de lado el pollo y reemplazarlo con arroz integral. En cambio, si
estás de humor para una versión vegetariana, puedes dejar fuera la proteína animal y reem-
plazarla con lentejas, frijoles negros o champiñones (sí, yo sé que esto es una verdura y aca-
bo de decir que no se valen los cambios entre grupos, pero ésta es la única excepción para
vegetarianos porque son ricos en proteína). O digamos que estás en la fase 1 y quieres preparar los panqueques de trigo sarraceno, pero eres alérgico o no te gustan las zarzamoras. No
dudes en cambiarlas por mango o pera asiática (ambos en la lista de alimentos de la fase 1).
Si una receta incluye carne molida de pavo y tú prefieres la carne de búfalo, adelante, cámbia-
lo y disfruta.

También puedes modificar un alimento para incluirlo en otra fase (y encontrarás muchas
sugerencias para estos cambios a lo largo del libro). Otro truco que utilizan muchos de mis
clientes es reutilizar sus cenas en el desayuno o en la comida del día siguiente. Por ejemplo,
digamos que estás en el primer día de la fase 2. Preparas un increíble filete con espárragos
para cenar y quedan sobras. Pícalas y revuélvelas con claras de huevo para el desayuno o

sírvelas sobre una cama de lechuga para la comida del día siguiente de la fase 2. O digamos que estás en la última noche de la fase 2 y te sobró halibut de la cena. Al día siguiente, en la fase 3, pícalo y añade un poco de mayonesa de cártamo y toronja rosa rebanada para la mejor ensalada de halibut de todos los tiempos. Rellena un pimiento naranja con esto ¡y tendrás una comida inigualable! También me gusta utilizar las sobras de mi arroz integral para las cenas de la fase 1 y al día siguiente para el desayuno de la fase 1, como cereal caliente con moras. A veces le agrego aguacate picado al chili de la fase 1, o un poco de aceite de oliva para volverlo el chili de la fase 3. O tomo la cena de la fase 2, le agrego aguacate o un aderezo de humus sobre una cama de lechuga, y tengo la comida de la fase 3. Entiendes la idea.

Al final de las secciones de recetas para las fases 1, 2 y 3 encontrarás las listas de alimentos para cada fase en específico. Recuerda, ¡no se vale cambiar *absolutamente nada* fuera de tu fase!

GUÍA SIMPLE PARA CONGELAR Y COCINAR A FUEGO LENTO

Éste es un consejo que mis clientes me han dado: en la primera semana, cuando te encuentras más motivado para cocinar, deberías preparar raciones grandes. Etiquétalas fase 1, fase 2 y fase 3, y congélalas para que las tengas a la mano durante las semanas siguientes. Yo siempre sugiero sentarte al principio de cada semana, llenar tu mapa de comidas, planear los alimentos que comerás en toda la semana y entonces sacar la lista de compras de todos los ingredientes que necesitarás. Incluso puedes considerar repetir exactamente el mapa de comidas de las semanas 1 y 3, y de las semanas 2 y 4.

No olvides preparar grandes cantidades de comida y congelarla para después. A mí me gusta etiquetar mis alimentos congelados fase 1, fase 2 o fase 3. De esta manera puedo tomar algo rápidamente cuando esté de nuevo en esa fase.

Si no tienes una olla de cocción lenta o una olla eléctrica, sugiero que consigas una. Y puedes pedir prestada una o dos más a un amigo o vecino (seguramente tienen una que pueden desempolvar o rescatar de la cochera). Yo tengo tres. Una noche a la semana preparo tres comidas diferentes. Quizá prepare pecho de res con maíz y col, la sopa minestrone y chili de lenteja. Toda la preparación y la limpieza de la cocina suele tomarme menos de una hora. Entonces, antes de irme a dormir pongo las perillas en bajo y en la mañana tengo 18 comidas calientes, hechas en casa y deliciosas esperándome. Espero a que se enfríen, separo las porciones en contenedores plásticos o en bolsas, las etiqueto para cada fase y las congelo para tenerlas a la mano cuando no tenga tiempo de cocinar.

PREGUNTAS FRECUENTES

Cuando me siento a planear las comidas con mis clientes, inevitablemente me hacen varias preguntas, como "¿cuándo puedo comer estos postres deliciosos?" o "¿qué especias puedo utilizar para aumentar el sabor de estas recetas?" Probablemente compartas algunas de estas dudas:

Pregunta: ¿Cuándo puedo comer postres?

Respuesta: Recuerda, en la dieta del metabolismo acelerado, los postres son alimento también, y si se incluyen estratégicamente, pueden ser parte de un metabolismo acelerado. Todas las recetas en este libro se han creado para encender tu metabolismo, así que las reglas de la dieta también se aplican a los postres. Si los postres entran en las categorías correctas del refrigerio apropiado a tu fase (por ejemplo, sorbete de mango en la fase 1 como refrigerio de fruta), puedes comer alguno de esos postres en lugar de tu refrigerio. Igualmente, si deseas comer postres en tus desayunos, comida o cena, puedes hacerlo si:

- Cumple con los requerimientos alimenticios de esa comida.
- Añades un día más de ejercicio apropiado a tu fase.

Por favor visita mi página web, www.fastmetabolismdiet.com, para otras preguntas o ejemplos acerca de cómo incorporar postres a tu estilo de vida.

Pregunta: ¿Cuándo puedo beber licuados?

Respuesta: Los licuados cuentan como desayuno o refrigerio mientras cumplan con los requerimientos alimenticios de tu fase.

Pregunta: ¿Cómo puedo comer salsas y aderezos?

Respuesta: Puedes comer cualquiera de las salsas o los aderezos apropiados para tu fase en cualquiera de tus comidas o refrigerios. Por lo general recomiendo a mis clientes que limiten la cantidad a 2 o 4 cucharadas por ocasión.

Pregunta: ¿Qué pasa si me gustan los alimentos más condimentados?

Respuesta: Siempre puedes añadir más hierbas y especias. De hecho, las hierbas y las especias tienden a estimular la digestión y aumentar el metabolismo, así que no limites la cúrcuma o la pimienta cayena. Albahaca, orégano, perejil y cilantro son increíbles para reducir gases e inflamación.

**Pregunta: No encuentro algunos de los ingredientes en el supermercado.
¿Dónde puedo conseguirlos?**

Respuesta: Muchos de los productos especializados de granos, como espelta, tortillas de trigo kamut o de arroz integral, o panes sin gluten, se pueden encontrar en la sección de congelados de los supermercados o en una tienda naturista.

Si no puedes encontrar un ingrediente de alguna de las recetas, pídele al vendedor o al gerente de la tienda que te ayude a conseguirlo. Si no comercializan algo, no tengas miedo de pedir que lo ordenen especialmente para ti; yo le pido a mi supermercado local que ordene cosas para mí todo el tiempo y siempre están contentos de hacerlo (incluso pueden darte descuentos si eres cliente frecuente). Muchos de los productos, como los aminoácidos de coco, se pueden pedir directamente a la empresa productora; muchas de las comercializadoras en línea, como Amazon, también venden estos productos.

Si no puedes encontrar un ingrediente de alguna receta y no quieres cambiarlo por el de otra fase parecida (por ejemplo, si no puedes encontrar búfalo en tu supermercado local para preparar mi ensalada de puntas de búfalo y no quieres cambiarlo por pavo), no dudes en buscar una tienda en línea que lo lleve directamente a tu casa.

**Pregunta: ¿Qué pasa si ya me comí toda mi porción permitida
y todavía tengo hambre?**

Respuesta: No encuentro esta pregunta muy seguido, pero cuando sucede tengo la sensación de que es porque el cliente no está comiendo suficientes verduras. Recuerda, las verduras son ilimitadas; no hay ninguna razón para que no puedas tomar un refrigerio de apio, rábanos, pepino y jícama durante todo el día. Duplica tu porción de lechuga o de hojas verdes, o incluso triplícala si todavía tienes hambre. La fibra ayudará a encender tu metabolismo, estimular tu digestión y proveer esas hormonas que te hagan sentir satisfecho.

Otra cosa que puedes hacer es beber tés calientes, especialmente durante la noche. El agua caliente es un vasodilatador natural, lo que significa que expande el flujo sanguíneo hacia el estómago, lo que estimula las hormonas que te hacen sentir satisfecho. Así que, antes de ir por una segunda porción, prueba una taza de té de manzanilla o hierbabuena caliente. Las hormonas que te hacen sentir satisfecho se encienden por el cambio de temperatura en las paredes del estómago.

Pregunta: ¿Cómo cocino sin aceite (fases 1 y 2)?

Respuesta: Una de las preguntas que más me encuentro es "¿cómo se saltean las verduras en las fases 1 y 2 si no se permite usar ningún aceite?" Sugiero que utilices productos como aminoácidos de coco o incluso algunas cucharadas de caldo de verduras en lugar de aceite para sofreír tus verduras. Yo utilizo de 2 a 4 cucharadas de caldo de verduras por cada porción de vegetales. Sólo asegúrate de usar la flama baja y tener presente que tus verduras no se cocinarán tan rápido como con el aceite de semilla de uva (que se calienta más, así que cocina las verduras más rápido) en la fase 3. También puedes cubrir tu sartén al momento de saltear las verduras, lo que ayuda a ablandarlas más rápido.

Otra cosa que me gusta hacer es poner mis verduras —especialmente los tubérculos, como las zanahorias y los camotes de la fase 1— en una olla de cocción lenta antes de irme a dormir en la noche con sólo media taza de caldo de verduras o de pollo (¡no se necesita aceite!), y están listas cuando me despierto a la mañana siguiente.

Pregunta: ¿Puedo beber otra cosa que no sea agua durante los 28 días del plan?
Respuesta: Muchos de mis clientes preguntan si pueden beber algo más que agua en este plan. La respuesta es que puedes beber cualquier té sin cafeína y sin azúcar ni edulcorantes artificiales, pero no cuenta en la cantidad de agua que necesitas beber al día. Así que si necesitas beber tres litros de agua, puedes beber té también pero debe ser té herbal sin cafeína. Los tés que son particularmente hidratantes son el té de hojas de frambuesa y el té de raíz de diente de león; la manzanilla es excepcionalmente buena para estimular el hígado y la hierbabuena es fabulosa para la digestión, especialmente durante la fase 3, cuando estás intentando romper todas esas grasas buenas.

Pregunta: ¿Cuántas calorías debo comer al día en la dieta del metabolismo acelerado?
Respuesta: Incluso después de leer el libro, la gente a veces me pregunta cuántas calorías, cuántos gramos de grasa y por cuántos carbohidratos deben luchar todos los días. Sencillamente no respondo esta pregunta porque lo importante es la densidad nutricional de los alimentos, no el número de carbohidratos o los gramos de grasa o las calorías que consumas. Recuerda, son los nutrientes los que activan el metabolismo, no las cosas que queremos pensar como calorías y gramos de grasa y carbohidratos. La grasa viene en muchas formas diferentes y cómo el cuerpo la procesa metabólicamente depende de la forma en que se ingiera.

Pregunta: ¿Qué sucede si soy alérgica?
Respuesta: Cada fase de la dieta del metabolismo acelerado incluye un rango de alimento muy amplio de donde puedes escoger, y la dieta ya excluye muchos de los alérgenos comunes, incluyendo el trigo y los lácteos, así que es fácil cocinar lejos de cualquier alergia alimenticia. Asimismo, ya que cada fase dura sólo dos o tres días, no necesitas preocuparte de aburrirte con tus opciones alimenticias.

Pregunta: Soy vegano. ¿Aun así puedo hacer esta dieta?

Respuesta: ¡Sí puedes! Para las fases 1 y 3 sustituye la carne con media taza de legumi-nosas cocidas de tu fase. Durante la fase 2 (y sólo durante la fase 2) tienes permiso de romper la regla de no soya de tres formas para aumentar tu consumo de proteína: tofu, tempeh de soya y edamame, mientras sean orgánicos y no modificados genéticamente.

PLANEAR TUS COMIDAS: 28 DÍAS DE COMIDA DELICIOSA

Me gustaría que cada una de las personas que están leyendo este libro pudiera venir a mi oficina y sentarse conmigo para llenar juntos estos mapas de comidas, pero ya que eso no es posible, creé la mejor opción posible. Hay una aplicación que yo misma ayudé a diseñar para actuar como tu entrenadora y consultora nutricional y para ayudarte a planear cada comida del día en la dieta del metabolismo acelerado. Puedes utilizar la aplicación para crear mapas de comidas, medir tu consumo de alimentos y agua, y hacer las listas de compras que incluso te puedas enviar por correo electrónico para auxiliarte en tus compras.

Para ayudarte a planear tus comidas para los siguientes 28 días, con o sin la aplicación, aquí hay algunos mapas de comidas de muestra de un cliente real que tuvo resultados sorprendentes con la dieta del metabolismo acelerado.

Podrás ver que cambió algunas de mis ideas por las suyas y reutilizó y convirtió algunas de sus comidas en nuevas comidas (siempre apegada a su fase por supuesto). En 28 días consumió más alimentos que nunca antes y perdió más peso del que creyó posible. Y como bono incluí un quinto mapa con una semana completa de comidas vegetarianas tan deliciosas ¡que ni siquiera extrañarás la carne!

Cuando te sientes a planear tus comidas puedes seguir estos mapas de comidas de muestra al pie de la letra, usarlos como inspiración o buscar en el recetario —marca cuáles son las recetas que te gustaría probar— y crear tu propio plan de alimentación original. Mientras prepares comidas y recetas de acuerdo con tu fase, lo lograste. Y mientras llenas tus mapas de comidas no olvides que ciertos alimentos (ve las páginas 25 y 26 si olvidas cuáles son) están completamente fuera del menú por los siguientes 28 días. Y si no está en la lista de compras de tu fase, no lo comas.

Así que sigue mis reglas, toma mis recetas y hazlas tuyas; en cuatro semanas estarás más delgado y saludable de lo que pudiste haber imaginado. Y, sobre todo, recuerda que éstas no son sólo recetas para "una dieta", son recetas para un estilo de vida de metabolismo acelerado más delicioso y saludable.

SEGUNDA PARTE

LAS RECETAS

FASE 1

DESAYUNO

CEREAL CREMOSO DE ARROZ INTEGRAL
Rinde 1 porción

Tiempo de preparación: 5 minutos
Tiempo total: 10 minutos

- ⅓ de taza de arroz integral chico, crudo
- 1 pizca de Stevia
- 1 pizca de canela molida
- 1 taza de moras de la fase 1

Muele el arroz en una licuadora. Calienta 4 tazas de agua y, cuando hierva, agrega el arroz molido. Mezcla continuamente durante 30 segundos y después ocasionalmente durante 4 o 5 minutos más, o hasta que la mezcla adquiera una consistencia espesa y cremosa, libre de grumos. Espolvorea el Stevia y la canela, y agrega las moras encima.

Tip: Cuando tengo prisa o debo preparar avena rápido, me encanta molerla en seco y convertirla en un licuado. ¡Es como preparar mi propio polvo proteínico!

CEREAL CALIENTE DE QUINOA
Rinde 1 porción

◂ FASE 1

Tiempo de preparación: 5 minutos
Tiempo total: 15 minutos

- ¼ de taza de quinoa cruda
- 1 taza de trozos de piña fresca
- ½ cucharadita de canela molida
- 1 pizca de Stevia

Hierve ½ taza de agua, agrega la quinoa y déjala hervir tapada, a fuego lento, durante 10 minutos, o hasta que se absorba el agua. Añade encima la piña, la canela y el Stevia.

DURAZNOS CON CANELA SOBRE PAN TOSTADO
Rinde 1 porción

◂ FASE 1

Tiempo de preparación: 2 minutos
Tiempo total: 5 minutos

- 1 taza de duraznos picados en cubos
- ⅛ de cucharadita de canela molida
- 1 pizca de Stevia
- 1 rebanada de pan de granos germinados, tostada

En una sartén, mezcla los duraznos, la canela, el Stevia y 1 cucharada de agua. Cocina a fuego medio hasta que los duraznos se suavicen. Pasa los duraznos y cualquier jarabe que quede en la sartén sobre el pan y sirve.

PANQUEQUES DE TRIGO SARRACENO CON SALSA DE ZARZAMORA RÁPIDA Y FÁCIL
Rinde 2 porciones (1 porción son 2 panqueques)

‹ FASE 1

Tiempo de preparación: 5 minutos
Tiempo total: 10 minutos

- 1 taza de harina de trigo sarraceno
- 2 cucharaditas de polvo de hornear
- 1 cucharadita de canela
- ½ cucharadita de Stevia, más 1 pizca para la salsa de zarzamora
- 1 clara de huevo batida
- 1 taza de leche de arroz sin endulzar
- 1 cucharadita de extracto de vainilla
- 2 tazas de zarzamoras

Precalienta una plancha antiadherente o una sartén a fuego medio. Mezcla la harina, el polvo de hornear, la canela y ½ cucharadita de Stevia; añade la clara de huevo, la leche y la vainilla, y mezcla bien. Vierte alrededor de ¼ de taza de la masa sobre la plancha o la sartén para cada uno de los 4 panqueques. Voltéalos cuando se formen burbujas en la superficie y déjalos cocinar 30 segundos más o hasta que estén ligeramente dorados. Mientras tanto, calienta las zarzamoras en una olla con ¼ de taza de agua y 1 pizca de Stevia. Vierte la salsa sobre los panqueques y sirve.

TAPIOCA DE CHABACANO
Rinde 4 porciones

◄ FASE 1

Tiempo de preparación: 5 minutos
Tiempo total: 10 minutos

- ½ taza de perlas pequeñas de tapioca
- ½ taza de chabacanos picados en cubos
- ¼ de cucharadita de sal de mar
- ½ taza de xilitol
- 3 claras de huevo grandes o ½ taza de claras de huevo líquidas
- ½ cucharadita de extracto de vainilla
- Cualquier fruta de la fase 1

Combina la tapioca, los chabacanos, la sal de mar y 1 cucharada de agua en una olla pequeña y caliéntala hasta que la mezcla hierva, moviendo constantemente. Déjala hervir a fuego lento durante 5 minutos, destapada, moviendo 3 o 4 veces. Añade poco a poco el xilitol y retira la olla del fuego.

En un tazón pequeño, bate las claras de huevo y la vainilla. Agrega 1 cucharada de la tapioca caliente para equilibrar la temperatura entre las dos mezclas, y entonces pasa la mezcla de claras de huevo a la tapioca, revolviendo hasta que quede una mezcla homogénea. Sírvela caliente, o refrigérala y sírvela fría con una fruta de la fase 1.

PANQUEQUES DE CAMOTE AMARILLO
Rinde 5 porciones (1 porción son 3 panqueques)

Tiempo de preparación: 30 minutos
Tiempo total: 30 minutos

- 1½ tazas de leche de arroz
- 1 taza de camote cocido y hecho puré
- 4 claras de huevo
- 1 cucharadita de vainilla
- 1 taza de harina de arroz integral
- 2 paquetes de Stevia
- 1 cucharadita de polvo de hornear
- ½ cucharadita de canela
- ¼ de cucharadita de nuez moscada
- 1 pizca de sal de mar

En un tazón grande, mezcla la leche de arroz, el camote, las claras de huevo y la vainilla. En otro tazón, mezcla el resto de los ingredientes e incorpóralos después a los ingredientes líquidos.

Calienta una sartén antiadherente sobre fuego medio. Vierte cucharadas de ¼ de taza de la masa al sartén y cocina los panqueques hasta que estén dorados por ambos lados, volteándolos una vez.

TORTITAS PICANTES DE ARROZ SALVAJE
Rinde 1 porción

◄ **FASE 1**

Tiempo de preparación: 5 minutos
Tiempo total: 10 minutos

- 1 taza de arroz salvaje cocido (yo utilizo sobras de las cenas)
- 2 claras de huevo
- ¼ de taza de chiles verdes Hatch
- ½ taza de cebolla picada en cubos
- 1 pizca de sal de mar
- 1 pizca de hojuelas de pimiento rojo molido
- 1 fruta de la fase 1

Mezcla todos los ingredientes en un tazón. Forma dos tortitas y ponlas en una sartén anti-adherente durante 2 minutos aproximadamente de cada lado hasta que se doren. Sírvelas con una fruta de la fase 1.

COMIDA

ENVUELTO DE PAVO ESTILO "SUCIO JOE"
Rinde 1 porción

‹ **FASE 1**

Tiempo de preparación: 10 minutos
Tiempo total: 15 minutos

- 110 gramos de pavo molido
- ⅓ de taza de jitomate picado en cubos
- ¼ de taza de cebolla morada picada en cubos
- ¼ de cucharadita de sal de mar
- ¼ de cucharadita de orégano fresco o seco
- 1 cucharadita de mostaza preparada
- 1 tortilla de arroz integral
- 1 taza de lechuga o arúgula
- 1 taza de mango, piña o cualquier fruta de la fase 1, picada

En una sartén a fuego medio, dora el pavo molido con el jitomate, la cebolla, la sal y el orégano. Unta la mostaza sobre la tortilla. Acomoda una cama de lechuga encima de la tortilla y al final la mezcla de pavo molido. Sirve con una fruta de la fase 1.

SÁNDWICH DE ATÚN AGRIO Y VERDURAS
Rinde 1 porción

‹ **FASE 1**

Tiempo de preparación: 5 minutos
Tiempo total: 5 minutos

- 170 gramos de atún en agua, escurrido
- ¼ de taza de pepino picado en cubos
- 2 cucharadas de pimiento rojo picado en cubos
- 2 cucharadas de pepinillos en escabeche picados en cubos
- 1 cucharadita de mostaza preparada
- 1 cucharadita de vinagre balsámico
- 1 rebanada de pan de granos germinados, tostado
- 1 taza de manzana, pera o cualquier fruta de la fase 1, rebanada

Mezcla el atún, el pepino, el pimiento, los pepinillos, la mostaza y el vinagre en un tazón. Extiende la mezcla de atún sobre el pan tostado. Sirve con la fruta.

BAGEL TOSTADO CON PASTA DE FRIJOLES BLANCOS ESPECIADOS
Rinde 1 porción

Tiempo de preparación: 5 minutos
Tiempo total: 5 minutos

‹ **FASE 1**

- ½ bagel de Kamut, espelta o granos germinados
- 2 a 4 cucharadas de pasta de frijoles blancos especiados (página 90)
- 3 rebanadas de pepino
- 1 manojo de espinacas
- 1 jitomate rebanado
- 1 taza de manzana, pera o cualquier fruta de la fase 1, rebanada

Rebana a la mitad el bagel y tuéstalo. Unta la pasta de frijoles en ambas mitades del bagel y acomoda pepino, espinacas y jitomate. Sirve con la fruta.

BURRITO SUREÑO CON ESPINACAS COCIDAS Y TOCINO
Rinde 1 porción

‹ FASE 1

Tiempo de preparación: 5 minutos
Tiempo total: 10 minutos

- 1 rebanada de tocino de pavo cocido, picada en cubos
- 1 taza de espinacas
- 2 cucharadas de cebolla morada picada en cubos
- 2 cucharadas de chiles verdes Hatch picados finamente
- 1 cucharada de caldo de verduras orgánico
- 2 claras de huevo grandes o ⅓ de taza de claras de huevo líquidas
- 1 tortilla de granos germinados
- 1 taza de ensalada de fruta de la fase 1

Calienta una sartén antiadherente sobre fuego medio. Agrega el tocino, las espinacas, la cebolla, el chile y el caldo, y cuécelo durante 1 minuto o hasta que las verduras se suavicen y las espinacas se marchiten. Añade las claras de huevo y déjalo cocinar hasta obtener la consistencia deseada. Envuelve en la tortilla. Sirve inmediatamente con la ensalada de fruta.

ENSALADA DE ESPINACAS CON CERDO SOASADO Y CALABACITAS
Rinde 1 porción

Tiempo de preparación: 10 minutos
Tiempo total: 30 minutos

- 110 gramos de solomillo de cerdo, en rebanadas de 4 centímetros de grosor
- 1 cucharada de caldo de pollo orgánico
- ¼ de taza de cebolla morada rebanada
- ½ taza de calabacitas o calabacitas amarillas, picadas en cubos
- Jugo de ½ lima (1 cucharada)
- 1 pizca de chile de árbol molido
- ⅛ de cucharadita de sal de mar
- ⅛ de cucharadita de cilantro fresco, picado
- 1 taza de quinoa cocida
- 2 tazas de espinacas
- 1 taza de moras azules
- Cualquier aderezo de la fase 1

En una sartén antiadherente mediana, sobre fuego medio, soasa las rebanadas de cerdo durante aproximadamente 1 minuto de cada lado. Sácalas de la sartén y pon ahí el caldo y la cebolla, y déjala cocinar alrededor de 2 minutos, moviendo para que no se pegue. Agrega las calabacitas y cocínalas durante 1 o 2 minutos, o hasta que se empiecen a ablandar. Devuelve las rebanadas de cerdo a la sartén y agrega el jugo de lima, el chile de árbol, la sal y el cilantro, y déjalo cocinar durante 20 minutos aproximadamente o hasta que el cerdo esté bien cocido y las calabacitas estén suaves. Agrega la quinoa, revuelve y caliéntala durante 1 minuto para que todo se mezcle bien. Sírvelo sobre una cama de espinacas. Decora con moras azules y cualquier aderezo de la fase 1, y sírvelo acompañado de más moras azules.

ENSALADA DE MANDARINA CON HALIBUT, CHÍCHAROS JAPONESES Y CHAMPIÑONES
Rinde 1 porción

‹ **FASE 1**

> Tiempo de preparación: 15 minutos
> Tiempo total: 25 minutos

- ½ taza de col en trozos
- ½ taza de chícharos japoneses
- ¼ de taza de retoños de bambú
- ¼ de taza de cebollitas de cambray picada en cubos, con tallos
- ¼ de taza de champiñones rebanados
- 1 cucharada de aminoácidos de coco
- 1 pizca de semillas de mostaza
- 170 gramos de halibut, en cubos
- 2 tazas de ensalada de hojas verdes
- 1 mandarina pelada y partida en gajos
- 10 galletas de arroz trituradas
- Jugo de ½ lima (1 cucharada)
- Cualquier aderezo de la fase 1

En una olla mediana con tapa, mezcla la col, los chícharos, los retoños de bambú, las cebollitas de cambray, los aminoácidos, los champiñones y las semillas de mostaza. Cuécelos, moviendo constantemente, durante 3 minutos, hasta que las verduras se suavicen un poco. Añade el halibut, tápalo y déjalo entre 5 y 7 minutos, hasta que el pescado se desmenuce con facilidad. Quítalo del fuego. Pon la mezcla de halibut sobre una cama de ensalada de hojas verdes, cúbrela con gajos de mandarina, jugo de lima, galletas de arroz trituradas y cualquier aderezo de la fase 1.

ENSALADA DE JÍCAMA Y CINCO TIPOS DE FRIJOLES
Rinde 12 porciones

‹ **FASE 1**

Tiempo de preparación: 10 minutos
Tiempo total: 45 minutos (incluye 35 minutos para enfriar)

- 1 lata de 420 gramos de frijoles blancos
- 1 lata de 420 gramos de frijoles negros
- 1 lata de 420 gramos de alubias
- 1 lata de 420 gramos de garbanzos
- 1 taza de ejotes cocidos, cortados
- ½ taza de cebolla morada picada
- ½ taza de jícama picada en cubos
- ¾ de taza de caldo de verduras orgánico
- ¾ de taza de vinagre de vino tinto
- ¼ de taza de Stevia o xilitol
- ¾ de cucharadita de mostaza seca
- ½ cucharadita de estragón fresco o seco
- ½ cucharadita de cilantro fresco o seco
- 2 tazas de arroz salvaje, cocido
- 1 taza de ensalada de fruta de la fase 1 por cada porción

Enjuaga y escurre los frijoles blancos y negros, las alubias, los garbanzos y los ejotes, y ponlos en un tazón grande. Añade la cebolla y la jícama, y reserva. En una olla pequeña, mezcla el caldo de verduras, el vinagre, el Stevia, la mostaza, el estragón y el cilantro. Cocínalo a fuego medio, moviendo, durante 5 minutos aproximadamente o hasta que el Stevia se disuelva. Si utilizas xilitol, cocínalo hasta que se disuelva también. Viértelo en el tazón. Revuélvelo, tápalo y refrigéralo hasta que se enfríe. Sirve acompañado del arroz salvaje y la ensalada de fruta.

Tip: Dado que los frijoles son tanto proteína como almidón, me gusta añadir sólo un poco de arroz salvaje a este platillo para mejorar los carbohidratos que queman grasa.

Tip: Éste es uno de mis platillos favoritos para llevar a una reunión o una fiesta. ¡Alimenta a muchos! ¡Y queda muy bien con la ensalada de fruta de la fase 1!

GAZPACHO HELADO CON TROZOS DE SANDÍA
Rinde 3 porciones

Tiempo de preparación: 20 minutos
Tiempo total: 1 hora y 20 minutos (incluye 1 hora para enfriar)

- 4 jitomates maduros medianos, pelados y picados
- 1½ tazas de caldo de verduras orgánico
- 1½ tazas de garbanzos escurridos
- 1 tallo de apio picado
- ½ diente de ajo picado finamente
- ½ cebolla morada picada en cubos
- ½ pepino picado en cubos
- ½ pimiento rojo picado en cubos
- ¼ de taza de pasta de tomate
- 2 cucharadas de vinagre de vino tinto
- 1 cucharada de perejil fresco picado
- 1 cucharada de cebollín fresco picado
- 1 cucharada de jugo de limón
- 1 cucharada de xilitol
- ½ cucharadita de chile de árbol molido
- ½ cucharadita de salsa tamari
- Sal de mar y pimienta negra
- 3 tazas de sandía picada en cubos
- 6 hojas de menta frescas
- 1½ tazas de pretzels de espelta

Mezcla todos los ingredientes menos la sandía, la menta y los pretzels en una licuadora (hazlo en porciones si es necesario). Licua a velocidad baja durante 15 segundos. La sopa no debe estar completamente licuada, sino con cierta textura. Refrigérala durante 1 hora por lo menos, y hasta 12 horas antes de servir. Acompaña cada porción con sandía picada y 2 hojas de menta. Sirve ½ taza de pretzels de espelta con cada porción.

ESTOFADO DE SALCHICHA DULCE Y COL
Rinde 6 porciones

‹ FASE 1

Tiempo de preparación: 10 minutos
Tiempo total: 3 a 8 horas (olla de cocción lenta)

- 700 gramos de salchicha de pollo rebanada
- 6 manzanas verdes, sin corazón, picadas en cubos
- 6 tazas de col cortada en julianas
- 1 taza de cebolla picada en cubos
- ¾ de taza de caldo de pollo orgánico
- ⅓ de taza de xilitol
- 1 cucharadita de sal de mar
- ½ cucharadita de pimienta negra
- ½ cucharadita de nuez moscada molida
- ¼ de cucharadita de canela molida
- 1 hoja de laurel fresca o seca
- 6 tazas de arroz salvaje cocido, enjuagado

Pon todos los ingredientes excepto el arroz en una olla de cocción lenta o una olla eléctrica y cocínalo entre 3 y 4 horas en alto, o entre 6 y 8 horas en bajo. Quita la hoja de laurel, vierte el estofado de salchicha sobre el arroz y sirve.

ESTOFADO DE POLLO Y CAMOTE AMARILLO
Rinde 6 porciones

Tiempo de preparación: 10 minutos
Tiempo total: 3 a 8 horas (olla de cocción lenta)

- 5 rebanadas de tocino de pavo, picado
- 700 gramos de pechugas de pollo sin hueso, sin piel
- ½ taza de caldo de pollo orgánico
- ⅔ de taza de cebollitas de cambray rebanadas, con tallo
- 110 gramos de champiñones rebanados
- 4 camotes amarillos cortados en cuartos
- 1 cebolla amarilla picada en cubos
- ½ taza de quinoa cruda o de arroz integral o salvaje
- ⅓ de taza de vinagre de vino tinto
- 1 cucharada de ajo finamente picado
- 1 cucharadita de sal de mar
- ½ cucharadita de pimienta negra
- ½ cucharadita de hojas de tomillo frescas
- 6 tazas de higos, kiwis, papaya o cualquier fruta de la fase 1

Calienta una sartén antiadherente sobre fuego medio y cocina el tocino de pavo durante 5 minutos aproximadamente, hasta que se dore un poco. Saca el tocino de la sartén y déjalo escurrir sobre toallas de papel. Agrega las pechugas de pollo y cocínalas entre 3 y 4 minutos o hasta que se doren de un lado. Voltea cada pechuga, añade 2 cucharadas del caldo de pollo y cocínalas otros 3 minutos.

Pon el tocino y el pollo en una olla de cocción lenta o una olla eléctrica, y luego agrega los demás ingredientes, excepto la fruta. Cocina entre 3 y 4 horas en alto, o entre 6 y 8 horas en bajo. Sirve el estofado caliente con 1 taza de fruta por cada porción.

Tip: Dado que los camotes también contienen almidón, me gusta usar menos quinoa en esta receta para mantener a tu cuerpo en modalidad de quema, no de reserva.

RES COCIDA ESTILO ITALIANO Y VERDURAS DE INVIERNO
Rinde 4 porciones

‹ FASE 1

Tiempo de preparación: 10 minutos
Tiempo total: 1 hora y 10 minutos

- 2 calabacitas
- 2 calabacitas amarillas
- 4 filetes de 110 gramos
- 1 lata de 420 gramos de jitomates orgánicos, picados en cubos*
- 1 cucharadita de orégano fresco o seco
- 1 cucharadita de ajo picado finamente
- 1 cebolla morada grande, rebanada
- Sal de mar y pimienta, al gusto
- 4 tazas de arroz integral cocido o de pasta de arroz integral

Precalienta el horno a 190 °C.

Corta los extremos de todas las calabacitas y rasúralas en tiras largas, usando un pelador de papas. Pon los filetes en una charola antiadherente para hornear y acomoda encima las tiras de calabacita. Mezcla los jitomates, el orégano y el ajo, y sirve los jitomates sobre la calabacita. Acomoda las rebanadas de cebolla sobre los jitomates y cubre la charola con papel aluminio. Hornea durante 1 hora aproximadamente o hasta que la carne esté cocida al término deseado. Salpimienta al gusto y sirve con el arroz o la pasta.

* Dado que los jitomates ya están cocidos, lo que incrementa su valor glucémico, y añado tantos en esta receta, puedes contarlos como tu fruta de la fase 1.

PAVO MEDITERRÁNEO Y ARROZ SALVAJE
Rinde entre 6 y 8 porciones

‹ **FASE 1**

Tiempo de preparación: 10 minutos
Tiempo total: 3 a 8 horas (olla de cocción lenta)

- 4 jitomates grandes, picados en cubos
- 4 tazas de calabacitas picadas en cubos
- 4 tazas de caldo de verduras orgánico
- 2 tazas de arroz salvaje crudo
- 700 a 900 gramos de pechugas de pollo picadas en cubos
- ½ taza de cebolla rebanada
- ¼ de taza de perejil fresco picado
- 1 cucharada de ajo picado finamente
- 1 cucharada de jugo de limón

Pon todos los ingredientes en una olla de cocción lenta o una olla eléctrica, y déjalo cocinar entre 3 y 4 horas en alto, o entre 6 y 8 horas en bajo. Sirve caliente.

ENVUELTO DE ARÚGULA Y FRIJOLES NEGROS
Rinde 1 porción

‹ FASE 1

Tiempo de preparación: 5 minutos
Tiempo total: 5 minutos

- 1 tortilla de arroz integral
- ½ taza de frijoles negros de lata, escurridos y enjuagados
- 1 taza de arúgula
- 2 cucharadas de cebolla morada picada en cubos
- ½ taza de jitomate picado en cubos
- 1 cucharadita de cilantro fresco picado
- ¼ de cucharadita de chile en polvo
- Jugo de ¼ de lima (1 ½ cucharaditas)
- 1 taza de moras azules, frambuesas u otra fruta de la fase 1

Calienta la tortilla en la estufa o en el horno de microondas. Pon los frijoles en el centro de la tortilla y encima acomoda la arúgula, la cebolla, el jitomate y el cilantro. Espolvorea el chile en polvo y vierte después el jugo de lima. Envuelve la tortilla sobre el relleno y cómela acompañando con la fruta.

SOPA DE CALABAZA MANTEQUILLA MOLIDA
Rinde 6 porciones

Tiempo de preparación: 20 minutos
Tiempo total: 1 hora y 10 minutos

- 1 calabaza mantequilla grande
- 1 cucharada de sal de mar
- 1 taza de cebolla blanca picada finamente
- 3 dientes de ajo picados finamente
- 5 tazas de caldo de verduras o de pollo, orgánico
- 2 latas de 420 gramos de frijoles negros, escurridos y enjuagados
- 1½ cucharaditas de semillas de alcaravea
- 1 cucharadita de pimienta negra
- 6 rebanadas de pan de granos germinados, tostadas, o 3 bagels de granos germinados, rebanados a la mitad
- 6 tazas de mango, piña o cualquier fruta de la fase 1, picada

Precalienta el horno a 190 °C.

Rebana la calabaza a la mitad y retira las semillas. Coloca las dos mitades sobre una charola para hornear y llena los huecos que quedaron con agua. Hornéalas entre 35 y 40 minutos o hasta que la pulpa esté suave al picarla con un tenedor o un cuchillo pequeño. Saca la pulpa de la cáscara y pásala a un tazón. Sazónala con sal y revuelve hasta que esté lo más suave posible.

Calienta una sartén antiadherente sobre fuego medio-alto y cocina la cebolla y el ajo, moviendo constantemente, entre 5 y 8 minutos, o hasta que se suavice. Cuida que no se queme el ajo. Añade el caldo, los frijoles, las semillas de alcaravea y la pimienta. Hiérvelo, reduce la flama y déjalo cocer a fuego lento durante 10 minutos. Añade la calabaza y mezcla bien.

Lícuala en raciones hasta hacerlo puré. Pasa la sopa a una olla grande y caliéntala despacio. Sírvela con una rebanada de pan tostado o de bagel y 1 taza de fruta de la fase 1 por cada porción.

SOPA MINESTRONE DE COCCIÓN LENTA
Rinde 3 porciones

‹ FASE 1

Tiempo de preparación: 10 minutos
Tiempo total: 4 a 8 horas (olla de cocción lenta)

- 1 lata de 420 gramos de alubias escurridas
- 4 tazas de caldo de verduras orgánico
- 3 tazas de jitomates picados en cubos*
- 1 taza de zanahorias rebanadas
- 1 taza de calabacitas picadas en cubos
- 1 taza de col cortada en julianas
- 1 cebolla morada picada en cubos
- 2 dientes de ajo picados finamente
- 1 cucharadita de albahaca fresca o seca
- 1 cucharadita de perejil fresco o seco
- ½ cucharadita de orégano fresco o seco
- ½ cucharadita de sal de mar
- ¼ de cucharadita de pimienta negra
- 3 tazas de fusilli cocido

Pon todos los ingredientes, excepto el fusilli, en una olla de cocción lenta o una olla eléctrica, y mézclalos bien. Déjalo cocinar entre 4 y 6 horas en alto, o entre 6 y 8 horas en bajo. Añade el fusilli cocido a la sopa y sirve.

* En esta receta, el jitomate puede contar como tu fruta de la fase 1.

SOPA DE ZANAHORIA, NARANJA Y JENGIBRE
Rinde 6 porciones

Tiempo de preparación: 10 minutos
Tiempo total: 25 minutos

- 4 tazas de caldo de verduras orgánico
- ½ taza de aminoácidos de coco
- 2 tazas de zanahorias picadas
- 1½ tazas de cebolla morada rebanada
- 1½ cucharaditas de pasta de jengibre
- 2 latas de 420 gramos de garbanzos, escurridos y enjuagados
- 3 naranjas peladas y rebanadas a la mitad
- Cáscara de ¼ de naranja
- ⅛ de cucharadita de canela molida
- 1 pizca de nuez moscada molida
- 1 pizca de semillas de cilantro molidas
- Sal de mar y pimienta negra, al gusto
- 6 rebanadas de pan de granos germinados, tostadas
- 6 tazas de cualquier fruta de la fase 1

Calienta una sartén antiadherente sobre fuego medio. Vierte ½ taza de caldo y los aminoácidos de coco en la sartén para calentarlos un poco. Añade las zanahorias, la cebolla y la pasta de jengibre, y cocínalo, moviendo constantemente, durante 10 minutos o hasta que las zanahorias y la cebolla se suavicen. Pásalo a un tazón. Añade el caldo restante, los garbanzos, las naranjas, la cáscara de naranja, la canela, la nuez moscada, las semillas de orégano, la sal y la pimienta.

Lícualo en raciones hasta hacerlo puré. Pasa la sopa a una olla grande y caliéntala poco a poco. Sirve la sopa caliente, con 1 rebanada de pan tostado y 1 taza de fruta por cada porción.

ENSALADA TIBIA DE BISTEC SOBRE UNA CAMA DE ESPINACAS
Rinde 1 porción

‹ FASE 1

Tiempo de preparación: 15 minutos
Tiempo total: 20 minutos

- 110 gramos de filete Nueva York picado en cubos
- ½ taza de calabacitas o calabacitas amarillas picadas en cubos
- ¼ de taza de cebolla morada rebanada
- Jugo de ½ lima (1 cucharada)
- ⅛ de cucharadita de chile de árbol molido
- ⅛ de cucharadita de sal de mar
- ⅛ de cucharadita de cilantro fresco molido
- 1 cucharada de caldo de verduras orgánico
- ½ taza de quinoa cocida
- ½ taza de arroz integral o salvaje cocido
- 2 tazas de espinacas crudas
- 1 taza de mango picado en cubos
- Cualquier aderezo de la fase 1

Calienta una sartén mediana a fuego medio y, cuando ya esté caliente, saltea el filete, la calabacita, la cebolla, el jugo de lima, el chile de árbol, la sal, el cilantro y el caldo, y cocínalo, moviendo ocasionalmente, hasta que el filete alcance el término deseado. Agrega la quinoa y el arroz, revuélvelo y sirve sobre una cama de espinacas. Acompaña con el mango y el aderezo de la fase 1.

HAMBURGUESAS HAWAIANAS
Rinde 4 porciones

‹ FASE 1

Tiempo de preparación: 10 minutos
Tiempo total: 20 minutos

- 450 gramos de carne de res magra, molida
- 1 taza de pan molido de granos germinados
- 3 dientes de ajo
- ½ taza de cebolla amarilla rebanada
- 2 cucharaditas de sal de mar
- ½ cucharadita de pimienta negra
- 2 claras de huevo grandes o ⅓ de taza de claras de huevo líquidas
- 4 rebanadas gruesas de piña
- 1 cucharadita de canela molida
- ¼ de taza de arroz integral, cocido
- Ensalada de hojas verdes o espinacas

Mezcla la carne y el pan molido en un tazón grande. Licua el ajo y la cebolla en una licuadora o un procesador de alimentos y hazlos puré. Cuando su textura sea suave, mézclalos con la carne. Añade 1½ cucharaditas de sal, la pimienta y las claras de huevo, y mezcla bien. Divide la mezcla y forma cuatro tortitas del mismo tamaño.

Acomoda las rebanadas de piña en una sola capa sobre un plato y espolvorea encima la canela y la ½ cucharadita de sal restante.

Para una parrilla sobre la estufa: Calienta la parrilla a fuego medio-alto y, cuando ya esté caliente, cocina las hamburguesas durante 4 minutos aproximadamente de cada lado. Cocina los aros de piña al mismo tiempo, pero quítalos si empiezan a quemarse.

Para una parrilla al exterior: Calienta la parrilla a 200 °C aproximadamente. Una vez caliente, asa las hamburguesas y los aros de piña durante 4 minutos de cada lado. Si los aros de piña empiezan a quemarse, sácalos antes de que las hamburguesas estén listas.

Sirve las hamburguesas con el arroz cocido encima y sirve con ensalada de hojas verdes o espinacas.

Tip: Esta receta es fabulosa para una parrillada en el verano, pero ten presente que es una porción menor de arroz porque la hamburguesa lleva pan molido.

CENA

TAZÓN DE SALCHICHA DE POLLO
Rinde 3 porciones

‹ FASE 1

Tiempo de preparación: 10 minutos
Tiempo total: 25 minutos

- 4 salchichas de pollo (o 1 paquete de 330 gramos) picadas en cubos
- ½ taza de champiñones rebanados
- ¼ de taza de cebolla morada rebanada
- 1 pimiento rojo, sin semillas y rebanado
- 1 pimiento verde, sin semillas y rebanado
- 1 cucharadita de ajo picado finamente
- 2 cucharadas de caldo de verduras orgánico
- 1 camote amarillo, horneado y picado en cubos
- 1 cucharada de cilantro fresco picado
- 3 tazas de arroz integral cocido
- ¼ de taza de salsa

Calienta una sartén antiadherente a fuego medio. Añade la salchicha y cocínala hasta que se dore, moviendo frecuentemente. Agrega los champiñones, la cebolla, los pimientos, el ajo y el caldo, y cocina a fuego lento durante 3 minutos. Añade el camote y el cilantro, y cocínalo, moviendo durante 3 minutos aproximadamente, hasta que el camote esté caliente. Sirve la mezcla sobre el arroz integral y vierte encima la salsa.

TOSTADAS
Rinde 1 porción

‹ **FASE 1**

Tiempo de preparación: 5 minutos
Tiempo total: 5 minutos

- ½ taza de frijoles negros de lata, escurridos y enjuagados
- ¼ de taza de cebolla morada picada en cubos
- ⅛ de cucharadita de chile de árbol molido
- 2 cucharadas de caldo de verduras orgánico
- 1 tortilla de granos germinados, tostada
- ½ taza de arúgula
- ¼ de taza de jícama rebanada
- ¼ de taza de jitomate picado
- 1 cucharada de cilantro fresco picado

Calienta los frijoles negros, la cebolla, el chile de árbol y el caldo en una sartén a fuego medio. Cuando se calienten, esparce la mezcla sobre la tortilla. Acomoda encima la arúgula, la jícama, el jitomate y el cilantro, y cómelo de inmediato.

PASTEL DE CAMOTE AMARILLO
Rinde 4 porciones

‹ FASE 1

Tiempo de preparación: 10 minutos
Tiempo total: 1 hora y 40 minutos

- 1 taza de lentejas secas
- 3 camotes amarillos grandes o 4 medianos, pelados y picados en cubos de 2 centímetros
- 5 zanahorias peladas y picadas
- 2 cebollas grandes, picadas
- 2 dientes de ajo picados finamente
- ¼ de taza de caldo de verduras orgánico
- 2 tazas de ejotes frescos, sin puntas y cortados en piezas de 2.5 centímetros
- 2 cucharaditas de salsa tamari
- 1 cucharadita de tomillo seco
- ½ cucharadita de sal de mar
- ¼ de cucharadita de pimienta negra
- ½ taza de leche de arroz sin azúcar

Precalienta el horno a 200 °C.

En una olla mediana, mezcla las lentejas con 2 tazas de agua. Hiérvelas a fuego alto, inmediatamente reduce la flama y cuécelas a fuego lento durante 15 minutos. Cuando estén cocidas, quítalas del fuego y tápalas para que se mantengan calientes.

Mientras, hierve 4 litros de agua en una olla grande. Añade los camotes amarillos y hiérvelos durante 10 minutos, o hasta que estén suaves. Aparte, cocina las zanahorias, las cebollas y el ajo en una sartén grande, con el caldo de verduras hasta que las zanahorias se empiecen a suavizar. Agrega las lentejas cocidas, la salsa tamari, el tomillo, la sal y la pimienta. Revuelve bien para mezclar.

Vierte la mezcla de lentejas en una cacerola para 10 tazas. Escurre los camotes y machácalos con la leche de arroz. Pon el camote amarillo encima de las lentejas y hornéalo durante 30 minutos.

Tip: Puedes adaptar esta receta para la fase 3 al saltear las verduras en 3 o 4 cucharadas de aceite de oliva, y añadir leche de coco a los camotes amarillos machacados. Los carnívoros también pueden sustituir las lentejas con 450 gramos de carne de res magra, molida.

HALIBUT Y VEGETALES SALTEADOS
Rinde 2 porciones

Tiempo de preparación: 10 minutos
Tiempo total: 20 minutos

- 1 cucharada de salsa tamari
- 2 cucharadas de aminoácidos de coco
- 2 cucharadas de caldo de verduras orgánico
- 2 calabacitas rebanadas
- 2 calabacitas amarillas rebanadas
- 1 pimiento rojo, sin semillas y rebanado
- 1 pimiento amarillo, sin semillas y rebanado
- ½ taza de cebolla morada rebanada
- 1 cucharadita de cilantro seco
- Jugo de ½ lima (1 cucharada)
- 2 tazas de piña fresca en trozos
- 340 gramos de filete de halibut dividido en 2 porciones
- 2 tazas de arroz integral o salvaje

Calienta la salsa tamari, 1 cucharada de aminoácidos de coco y 1 cucharada de caldo en una sartén a fuego medio. Agrega las calabacitas, los pimientos, la cebolla y el cilantro, y cocina durante 15 minutos aproximadamente o hasta que las verduras estén medio cocidas. Añade el jugo de lima, la piña, la cucharada de aminoácidos de coco restante y la cucharada de caldo restante. Sube el fuego a alto, añade el halibut y cocínalo hasta obtener el término deseado.

Sirve sobre una cama de 1 taza de arroz por cada porción.

RES EN CONSERVA Y COL EN COCCIÓN LENTA
Rinde 16 porciones

◄ FASE 1

Tiempo de preparación: 10 minutos
Tiempo total: 7 horas (olla de cocción lenta)

- 5 zanahorias grandes, rebanadas
- 1 cebolla picada en cubos
- 1 taza de caldo de verduras orgánico
- 1 cucharadita de tomillo fresco o seco
- ½ cucharadita de mostaza seca
- 4 dientes de ajo picados
- 1 hoja de laurel fresca o seca
- 1 cucharadita de granos de pimienta
- 1.8 kilogramos de pecho de res en conserva
- 1 cabeza de col troceada
- 16 tazas de pasta de arroz integral cocida

Pon las zanahorias, la cebolla, el caldo, el tomillo, la mostaza, el ajo, la hoja de laurel, los granos de pimienta y 4 tazas de agua en una olla de cocción lenta o una olla eléctrica. Coloca el pecho de res encima y cocínalo durante 6 horas en alto. Agrega la col y cocínalo 1 hora más o hasta que la col esté suave. Quita la hoja de laurel y sirve con la pasta cocida, vertiendo los jugos de la olla sobre la pasta.

GALLINETAS RELLENAS
Rinde 6 porciones

Tiempo de preparación: 10 minutos
Tiempo total: 1 hora y 50 minutos

- 1 taza de arroz salvaje
- ½ taza de apio picado en cubos
- 1 cebolla morada picada en cubos
- 1 pimiento verde, sin semillas y picado en cubos
- 2 cucharadas de salsa tamari
- 1 cucharadita de perejil fresco picado
- ½ cucharadita de sal de mar
- 3 tazas de cubos de pan de granos germinados
- ½ taza de caldo de pollo orgánico
- 6 pechugas de gallineta o de faisán, sin hueso, de 80 o 110 gramos
- 6 rebanadas de tocino de pavo
- ¼ de cucharadita de pimienta blanca

Para la salsa de champiñones
- ¾ de taza de caldo de verduras orgánico
- ½ taza de champiñones rebanados
- ½ taza de leche de arroz
- ¼ de taza de harina de arroz integral
- ¼ de taza de aminoácidos de coco

Enjuaga el arroz salvaje muy bien en agua fría y ponlo en una olla mediana con el apio, la cebolla, el pimiento, la salsa tamari, el perejil, la sal y ¾ de taza de agua. Hiérvelo, baja la flama y déjalo cocinar a fuego lento durante 60 minutos o hasta que el arroz esté suave.

Precalienta el horno a 190 °C.

Revuelve los cubos de pan y el caldo de pollo con movimientos envolventes en la mezcla de arroz. En un molde para hornear grande, acomoda las gallinetas y cúbrelas con la mezcla de arroz. Pon el tocino de pavo encima de las gallinetas y sazónalas con la pimienta.

Mezcla todos los ingredientes para la salsa de champiñones y viértela encima de las gallinetas. Cubre el molde con papel aluminio y hornéalo durante 40 minutos o hasta que las gallinetas estén bien cocidas y la salsa burbujee.

ENVUELTOS DE RES Y COL
Rinde 4 porciones

◄ **FASE 1**

Tiempo de preparación: 10 minutos
Tiempo total: 30 minutos

- 450 gramos de carne de res magra, molida, o pavo molido
- 4 a 6 tazas de col picada
- ½ cebolla blanca chica, picada finamente
- 1½ cucharaditas de sal de mar, o al gusto
- 4 tortillas de espelta, granos germinados o arroz integral

Calienta una sartén de fondo grueso, con tapa, a fuego medio, y cuando esté caliente, cocina la carne molida o el pavo durante 5 minutos, moviendo para separarla, hasta que se dore. Añade la col y la cebolla, y déjalo cocinar tapado durante 20 o 25 minutos, hasta que las verduras estén suaves. Quita la tapa cada pocos minutos para revolver. Cuando la col esté suave, quita la tapa, añade la sal y déjalo 5 minutos más. Calienta las tortillas en una sartén aparte sólo hasta que estén suaves. Rellena las tortillas con la mezcla de carne y sírvelas calientes.

LENGUADO CON JITOMATE Y ARROZ INTEGRAL
Rinde 6 porciones

Tiempo de preparación: 10 minutos
Tiempo total: 25 minutos

- 6 tazas de arroz integral cocido
- 2 cucharadas de cilantro fresco picado
- 1 cucharada de sal de mar con mezcla de hierbas
- ¼ de taza de jugo de limón
- 1 cucharada de ajo picado finamente
- 900 gramos de filetes de lenguado
- ¼ de taza de cebolla morada rebanada
- 1 taza de jitomates picados
- 1 taza de calabacitas picadas
- 1 taza de calabacitas amarillas picadas

Precalienta la parrilla.

Sazona el arroz con 1 cucharada de cilantro y 1 cucharadita de sal de mar con mezcla de hierbas, y reserva.

En un tazón pequeño, mezcla el jugo de limón, el ajo y las 2 cucharadas restantes de sal de mar con mezcla de hierbas. Coloca los filetes sobre una parrilla caliente y encima la cebolla morada, los jitomates, las calabacitas y la cucharada de cilantro restante. Rocía la mezcla de jugo de limón sobre el pescado y las verduras. Cocina durante 12 minutos o hasta que esté bien cocido. Sirve con el arroz.

BRÓCOLI Y HABAS SALTEADAS
Rinde 4 porciones

‹ **FASE 1**

Tiempo de preparación: 10 minutos
Tiempo total: 25 minutos

- 1¾ tazas de caldo de verduras orgánico
- 1 cucharada de salsa tamari
- 1 cucharada de harina de tapioca
- 1 cucharada de vinagre de arroz
- 1 cucharada de jengibre picado finamente
- 3 cucharadas de aminoácidos de coco
- 4 tazas de floretes de brócoli
- 3 dientes de ajo picados finamente
- 2 tazas de habas cocidas
- 1 pimiento rojo, sin semillas y cortado en julianas
- 1½ tazas de chícharos japoneses
- 4 cebollitas de cambray, cortadas diagonalmente en piezas
  de 1 centímetro, con tallo
- 4 tazas de arroz integral o salvaje cocido

Mezcla 1½ tazas de caldo, la salsa tamari, la harina de tapioca, el vinagre de arroz y el jengibre en un tazón mediano, hasta que se incorporen. Reserva.

Calienta los aminoácidos de coco en una sartén grande y profunda, o en un wok, a fuego medio-alto, y sofríe el brócoli y el ajo durante 1 minuto aproximadamente. Añade el ¼ de taza de caldo restante, tápalo y cocínalo entre 5 y 7 minutos, o hasta que el brócoli esté suave pero crujiente, moviendo ocasionalmente. Agrega las habas, el pimiento, los chícharos japoneses y las cebollitas de cambray, y sofríe durante 3 minutos aproximadamente, hasta que todas las verduras estén suaves pero crujientes.

Revuelve la mezcla de caldo y viértela sobre las verduras. Hiérvela sobre fuego medio, moviendo constantemente. Deja que el caldo hierva durante 1 minuto antes de servir cantidades iguales de verduras y caldo sobre el arroz.

PASTA CON SALSA DE JITOMATE Y CARNE EN COCCIÓN LENTA
Rinde 12 porciones

‹ FASE 1

Tiempo de preparación: 15 minutos
Tiempo total: 8 horas (olla de cocción lenta)

- 1½ kilos de carne de res magra, molida
- 2 tazas de calabacitas rebanadas
- 2 tazas de jitomates picados
- 2 tazas de jitomates cherry
- 2 tazas de pimientos rebanados
- 2 tazas de caldo de verduras orgánico
- 1 taza de cebolla rebanada
- 1 taza de hongos marrones, como portobello o shiitake, rebanados
- 1 taza de hongos claros, como botón blanco o crimini, rebanados
- ½ taza de pasta de tomate
- ½ taza de cebollitas de cambray rebanadas, con tallo
- 3 cucharadas de ajo picado finamente
- 2 cucharadas de sal de mar
- 1 cucharada de perejil fresco picado
- 12 tazas de pasta de arroz integral cocida

Pon todos los ingredientes excepto la pasta en una olla de cocción lenta o una olla eléctrica, revuelve y cocínalo durante 8 horas en bajo. Vierte cantidades iguales de la salsa de carne sobre cada porción de pasta y sirve.

Tip: Recuerda, dado que las verduras son ilimitadas, si añades verduras extras puedes usar una mayor porción de salsa de carne.

POLLO AL AJO Y VERDURAS SOBRE UNA CAMA DE QUINOA
Rinde 8 porciones

Tiempo de preparación: 10 minutos
Tiempo total: 30 minutos

Para la quinoa
- 2 tazas de quinoa
- 2 tazas de caldo de verduras orgánico
- 2 tazas de caldo de pollo
- ¼ de taza de cebolla rebanada
- ¼ de taza de cebollitas de cambray picadas, con tallo

Para el pollo
- 900 gramos de pechugas de pollo, sin hueso, sin piel, cortadas en trozos
- 2 tazas de pimientos morrones rebanados
- 2 tazas de calabacitas rebanadas
- 2 tazas de calabacitas amarillas rebanadas
- 1 taza de jitomates picados
- ⅓ de taza de aminoácidos de coco
- 1 cucharada de chile de árbol molido
- 1½ cucharaditas de cebolla morada picada en cubos

En una olla mediana, mezcla la quinoa, los caldos de verduras y de pollo, la cebolla y la cebollita de cambray. Hiérvela, baja la flama y déjala cocinar a fuego lento entre 10 y 15 minutos.

Mientras se cuece la quinoa, calienta una sartén antiadherente a fuego medio. Agrega el ajo y el pollo, y cocínalos moviendo continuamente, hasta que el pollo se dore. Agrega los pimientos, las calabacitas, los jitomates, los aminoácidos de coco, el chile de árbol y la cebolla morada. Cocínalos, moviendo ocasionalmente, durante 5 minutos aproximadamente, hasta que las verduras estén suaves y el pollo esté bien cocido.

Sirve ½ taza de quinoa y encima 1 taza de pollo y verduras.

SOPA DE CALABAZA, JENGIBRE Y PORO
Rinde 3 porciones

Tiempo de preparación: 20 minutos
Tiempo total: 45 minutos

- 2 poros medianos, cortados a la mitad y rebanados finamente
- 3 dientes de ajo picados finamente
- 2 tazas de calabaza horneada, pelada y sin semillas, o calabaza en lata pura
- 1 camote amarillo grande, cocido, pelado y cortado en trozos
- 1 pimiento rojo mediano, sin semillas y picado en cubos
- 6 tazas de caldo de verduras o de pollo, orgánico
- 1 lata de 420 gramos de frijoles negros, escurridos y enjuagados
- 1 cucharada de salsa tamari
- 1 cucharada de jengibre picado finamente
- 1 cucharadita de comino molido
- 2 cucharaditas de sal de mar
- 4 rebanadas de pan de granos germinados, tostadas, o tortillas
- ¼ de taza de cilantro fresco picado (opcional)

Calienta una sartén antiadherente a fuego medio. Añade los poros y el ajo y cocínalos hasta que estén suaves, moviendo frecuentemente. Quítalos del fuego y reserva.

En una olla grande, mezcla la calabaza, el camote, el pimiento, el caldo, los frijoles negros, la salsa tamari, el jengibre, el comino y la sal. Hiérvelo, baja la flama y déjalo cocinar a fuego lento durante 15 minutos, moviendo ocasionalmente. Agrega los poros cocidos y mezcla muy bien. En una licuadora, haz puré la mezcla en raciones, hasta que tenga una consistencia suave. Devuelve la sopa a la olla y caliéntala un poco. Sírvela caliente con una rebanada de pan tostado o una tortilla, y decórala con el cilantro si lo usas.

SALTEADO DE CAMOTE AMARILLO Y BRÓCOLI
Rinde 2 porciones

‹ FASE 1

Tiempo de preparación: 10 minutos
Tiempo total: 35 minutos

- 1 camote amarillo grande, picado en cubos
- ½ cucharadita de aminoácidos de coco, o al gusto
- ½ taza de cebolla amarilla picada en cubos
- 2 tazas de floretes de brócoli
- 1 taza de frijoles blancos de lata, escurridos y enjuagados
- 3 cucharadas de salsa tamari
- 1 cucharada de xilitol
- 1 taza de quinoa cocida

Pon los cubos de camote amarillo en una olla, cúbrelos con agua, hiérvelos a fuego medio-alto. Baja la flama y déjalos cocinar a fuego lento durante 15 minutos, o hasta que estén un poco suaves. Escurre el camote y reserva.

Calienta los aminoácidos de coco en una sartén a fuego medio-alto y, cuando ya estén calientes, saltea la cebolla en cubos, el brócoli y los frijoles entre 3 y 4 minutos o hasta que se empiecen a suavizar. Agrega el camote y revuelve para mezclar.

En un tazón, bate la salsa tamari, el xilitol y 2 cucharadas de agua hasta que el xilitol se disuelva por completo. Vierte la mezcla de xilitol sobre las verduras y déjalo cocer a fuego lento alrededor de 5 minutos más o hasta que las verduras estén suaves. Sírvelas sobre la quinoa.

Tip: Para los amantes de la carne, cambia los frijoles blancos por 220 gramos de pollo en cubos cocido.

Tip: Dado que los camotes tienen tanto almidón, me gusta servir este platillo con sólo ½ taza de quinoa.

CURRY DE VERDURAS
Rinde 4 a 6 porciones

‹ FASE 1

Tiempo de preparación: 10 minutos
Tiempo total: 4 a 8 horas (olla de cocción lenta)

- 4 camotes amarillos, picados en cubos
- 2 jitomates grandes, picados
- 1 cebolla picada en cubos
- 1 pimiento rojo, sin semillas y picado
- 1 taza de zanahorias picadas en cubos
- 1 taza de ejotes
- 1 taza de floretes de brócoli
- 1 lata de 420 gramos de garbanzos, escurridos y enjuagados
- 1 lata de 170 gramos de pasta de tomate
- 2 cucharaditas de curry en polvo
- ½ cucharadita de ajo picado finamente
- ½ cucharadita de sal de mar
- 3 tazas de arroz integral o pasta de espelta, cocido

Pon todos los ingredientes excepto la pasta en una olla de cocción lenta o una olla eléctrica con ¾ de taza de agua, revuelve y déjalo cocinar entre 4 y 6 horas en alto, o entre 6 y 8 horas en bajo. Sirve con la pasta.

CHILI VEGETARIANO DE LENTEJAS
Rinde 8 porciones

◄ FASE 1

Tiempo de preparación: 10 minutos
Tiempo total: 3 a 8 horas (olla de cocción lenta)

- 1 taza de lentejas enjuagadas
- 2 tazas de jitomates picados en cubos
- 1 lata de 420 gramos de frijoles negros, escurridos y enjuagados
- 1 lata de 420 gramos de frijoles cannellini, escurridos y enjuagados
- 4 tazas de caldo de verduras orgánico
- 1½ tazas de cebolla morada picada en cubos
- ½ taza de apio picado en cubos
- 2 dientes de ajo picados finamente
- 2 cucharadas de salsa tamari
- 2 cucharadas de chile en polvo
- 1 cucharada de comino molido
- 8 tazas de arroz integral o pasta de arroz integral, cocido

Pon todos los ingredientes excepto el arroz o la pasta en una olla de cocción lenta o una olla eléctrica, y cocínalos entre 3 y 4 horas en alto, o entre 7 y 8 horas en bajo. Sirve sobre el arroz.

REFRIGERIOS

MANZANA CON CANELA ESPOLVOREADA
Rinde 1 porción

‹ **FASE 1**

Tiempo de preparación: 2 minutos
Tiempo total: 2 minutos

- 1 manzana
- Canela molida, al gusto

Quita el corazón a la manzana y rebánala. Espolvoréala con canela justo antes de comerla.

PAPAYA CON JUGO DE LIMA
Rinde 1 porción

‹ **FASE 1**

Tiempo de preparación: 2 minutos
Tiempo total: 2 minutos

- Jugo de lima, al gusto
- 1 taza de papaya picada en cubos

Exprime el jugo de lima sobre la papaya y disfruta.

ENSALADA DE PEPINO Y MANDARINA
Rinde 1 porción

‹ **FASE 1**

Tiempo de preparación: 2 minutos
Tiempo total: 2 minutos

- 1 taza de pepinos picados en cubos
- 1 mandarina, pelada, en gajos y cortada en trozos de 2.5 centímetros
- 1 cucharada de vinagre de arroz
- ⅛ de cucharadita de Stevia
- ⅛ de cucharadita de eneldo fresco

Mezcla el pepino y la mandarina con el vinagre, el Stevia y el eneldo. Sirve de inmediato.

MANGOS CON CHILE
Rinde 1 porción

‹ FASE 1

Tiempo de preparación: 2 minutos
Tiempo total: 2 minutos

- Chile en polvo, al gusto
- 1 taza de mango rebanado

Espolvorea el chile en polvo sobre las rebanadas de mango y disfruta.

DURAZNOS CON JENGIBRE
Rinde 1 porción

‹ FASE 1

Tiempo de preparación: 2 minutos
Tiempo total: 2 minutos

- 1 taza de duraznos picados
- ¼ de cucharadita de jengibre picado finamente

Cubre los duraznos con el jengibre y disfruta.

TORONJA CON CANELA
Rinde 1 porción

‹ FASE 1

Tiempo de preparación: 2 minutos
Tiempo total: 2 minutos

- Canela molida, al gusto
- ⅛ de cucharadita de Stevia
- 1 toronja

Espolvorea la canela y el Stevia sobre la toronja y sirve.

ENSALADA DE JÍCAMA Y MENTA
Rinde 1 porción

‹ FASE 1

Tiempo de preparación: 5 minutos
Tiempo total: 5 minutos

- 1 taza de cualquier combinación de frutas de la fase 1
- ½ taza de jícama rebanada
- 3 pepinos rebanados

Para el aderezo
- 5 hojas de menta frescas, picadas
- 1 cucharadita de xilitol
- Jugo de 2 limas (¼ de taza)

Pica la fruta en cubos y revuélvela con la jícama y los pepinos. Para preparar el aderezo, mezcla las hojas de menta y el xilitol con el jugo de lima. Revuelve cuidadosamente con la fruta y sirve de inmediato.

Tip: Me encanta usar pepinos persas en esta receta.

SANDÍA CON MENTA
Rinde 1 porción

‹ FASE 1

Tiempo de preparación: 2 minutos
Tiempo total: 2 minutos

- 1 taza de sandía picada en cubos
- 2 hojas de menta frescas, picadas

Cubre los cubos de sandía con la menta y disfruta.

SEMILLAS PICANTES DE GRANADA
Rinde 1 porción

‹ FASE 1

Tiempo de preparación: 2 minutos
Tiempo total: 2 minutos

- Chile en polvo, al gusto
- 1 taza de semillas de granada

Espolvorea el chile en polvo sobre las semillas de granada y disfruta.

LICUADOS/BEBIDAS

LICUADO DE QUINOA Y PERA
Rinde 1 porción

‹ **FASE 1**

Tiempo de preparación: 5 minutos
Tiempo total: 5 minutos

- ¼ de taza de quinoa cocida
- ½ taza de leche de arroz
- 1 pera, sin corazón, sin semillas ni tallo
- 1 pizca de canela molida
- 1 pizca de nuez moscada molida
- 1 taza de cubos de hielo

Licua todos los ingredientes hasta que el licuado sea homogéneo. Sirve inmediatamente.

LICUADO DE TRES MELONES Y MENTA
Rinde 2 porciones

‹ **FASE 1**

Tiempo de preparación: 5 minutos
Tiempo total: 5 minutos

- ¾ de taza de melón cantalupo picado en cubos
- ¾ de taza de melón dulce picado en cubos
- ½ taza de sandía picada en cubos
- 5 hojas de menta frescas
- Jugo de ½ lima (1 cucharada)
- 1 taza de cubos de hielo

Licua todos los ingredientes con ½ taza de agua fría hasta que el licuado sea homogéneo. Sirve de inmediato.

LICUADO DE MANZANA VERDE
Rinde 1 porción

‹ **FASE 1**

Tiempo de preparación: 2 minutos
Tiempo total: 2 minutos

- 1 taza de espinacas
- 1 taza de col rizada
- 1 manzana verde, sin corazón y picada en cubos

Licua todos los ingredientes con 1 taza de agua fría hasta que el licuado sea homogéneo. Sirve inmediatamente.

Tip: Algunas personas prefieren quitar la nervadura de la col rizada porque puede ser un poco amarga, pero yo la dejo porque ayuda con la digestión. Siempre puedes añadir un poco de xilitol, Stevia o una pizca de canela al gusto para tapar la amargura.

LICUADO TROPICAL
Rinde 2 porciones

‹ **FASE 1**

Tiempo de preparación: 5 minutos
Tiempo total: 5 minutos

- ½ taza de piña picada en cubos
- ½ taza de papaya sin semillas, picada en cubos
- 1 kiwi pelado y picado
- 1 taza de cubos de hielo

Licua todos los ingredientes con 1 taza de agua fría hasta que el licuado sea homogéneo. Sirve inmediatamente.

LICUADO DE MELÓN CANTALUPO
Rinde 1 porción

‹ FASE 1

Tiempo de preparación: 2 minutos
Tiempo total: 2 minutos

- 1 taza de melón cantalupo picado en cubos
- 1 hoja de menta fresca
- 2 tazas de cubos de hielo

Licua todos los ingredientes con ½ taza de agua fría hasta que el licuado sea homogéneo. Sirve inmediatamente.

SALSAS Y ADEREZOS

Una porción de todas las salsas y los aderezos es de 2 a 4 cucharadas.

SALSA DE CILANTRO Y FRIJOLES NEGROS
Rinde 1 porción

‹ **FASE 1**

Tiempo de preparación: 2 minutos
Tiempo total: 2 minutos

- 2 cucharadas de frijoles negros cocidos o de lata
- 1 cucharada de salsa tamari
- 1 cucharada de caldo de verduras orgánico
- ¼ de cucharadita de cilantro fresco picado

Licua todos los ingredientes hasta que la mezcla sea homogénea. Sirve como salsa con cualquier verdura de la fase 1.

Tip: A mis clientes les gusta preparar grandes raciones de estas salsas y congelarlas en porciones individuales dentro de bolsas de plástico resellables, etiquetándolas como aderezo de la fase 1. Sólo toma una cena de la fase 1, pon las sobras en una cama de lechuga, toma una bolsa de aderezo y una fruta, y ya está lista tu comida para llevar del día siguiente.

ADEREZO DE MANDARINA Y PEPINO
Rinde 3 porciones

‹ **FASE 1**

Tiempo de preparación: 2 minutos
Tiempo total: 2 minutos

- 1 mandarina pelada y sin semillas
- ½ taza de pepinos picados en cubos
- 2 cucharadas de agua
- 1 pizca de Stevia
- ⅛ de cucharadita de perejil picado finamente
- Sal de mar y pimienta blanca, al gusto

Licua todos los ingredientes con 2 cucharadas de agua hasta que la mezcla sea homogénea. Sirve como salsa o rocíala encima de cualquier platillo que necesite un aderezo.

SALSA DE ENELDO Y FRIJOLES BLANCOS
Rinde 6 a 8 porciones

‹ FASE 1

Tiempo de preparación: 2 minutos
Tiempo total: 2 minutos

- 1 lata de 420 gramos de frijoles blancos escurridos
- ½ cucharadita de eneldo fresco picado
- ¼ de taza de salsa tamari

Licua los ingredientes con ¼ de taza de agua hasta que la mezcla sea homogénea. Sirve como salsa con cualquier verdura de la fase 1.

SALSA CON TROZOS DE MANGO
Rinde 2 porciones

‹ FASE 1

Tiempo de preparación: 5 minutos
Tiempo total: 5 minutos

- ½ taza de mango picado en cubos
- ¼ de taza de jitomate picado en cubos
- ¼ de taza de cebolla morada picada en cubos
- ¼ de cucharada de cilantro fresco picado

Mezcla todos los ingredientes en un tazón y sirve como salsa, o licua todos los ingredientes hasta que la mezcla sea homogénea y rocíala como aderezo.

PASTA DE FRIJOLES BLANCOS ESPECIADOS
Rinde 6 a 8 porciones

‹ FASE 1

Tiempo de preparación: 5 minutos
Tiempo total: 5 minutos

- 1 lata de 420 gramos de garbanzos escurridos y enjuagados
- Jugo de 1 limón (3 cucharadas)
- 2 dientes de ajo
- 2 cucharadas de aminoácidos de coco
- 1 cucharadita de perejil fresco picado
- ⅛ de cucharadita de eneldo fresco
- ⅛ de cucharadita de sal de mar
- ⅛ de cucharadita de pimienta blanca

Licua los ingredientes hasta obtener la consistencia deseada. Añade agua tibia si se necesita para adelgazar la mezcla. Sirve como salsa.

POSTRES

MANZANA HORNEADA CRUJIENTE
Rinde 1 porción

‹ FASE 1

Tiempo de preparación: 5 minutos
Tiempo total: 25 minutos

- 1 manzana, sin corazón y picada en cubos de 2 centímetros
- 1 cucharadita de harina de tapioca
- 1 cucharadita de leche de arroz
- ⅛ de cucharadita de canela molida
- 1 pizca de nuez moscada molida
- 1 pizca de Stevia

Precalienta el horno a 200 °C.

Mezcla los ingredientes en un molde para hornear y hornéalo entre 15 y 20 minutos. Sirve la mezcla crujiente caliente, tibia o fría.

Tip: Recuerda, dado que este postre contiene fruta no lo puedes comer con una cena de la fase 1. Disfrútalo libremente como refrigerio o agrégalo a tu comida, mientras también aumentas otro día de ejercicio específico de tu fase.

PIÑA CON MENTA A LA PARRILLA
Rinde 1 porción

‹ FASE 1

Tiempo de preparación: 5 minutos
Tiempo total: 5 minutos

- 1 taza de piña fresca rebanada
- 2 hojas de menta frescas, picadas

Asa en una sartén o en una parrilla las rebanadas de piña durante 2 o 3 minutos de cada lado, hasta que estén suaves y un poco doradas. Espolvorea las hojas de menta y sirve.

Tip: Puedes comer este delicioso postre como refrigerio de la fase 1.

SORBETE DE FRESA Y BETABEL
Rinde 2 porciones

‹ FASE 1

Tiempo de preparación: 2 minutos
Tiempo total: 2 minutos

- 2 tazas de fresas sin tallo
- ¼ de taza de betabel picado en cubos
- ¼ de taza de xilitol
- 4 tazas de cubos de hielo

Licua los ingredientes hasta que la consistencia sea homogénea. Sirve inmediatamente.

SORBETE DE NARANJA
Rinde 2 porciones

‹ FASE 1

Tiempo de preparación: 2 minutos
Tiempo total: 2 minutos

- 2 tazas de gajos de naranja pelados
- 2 cucharadas de xilitol
- 4 tazas de cubos de hielo

Licua los ingredientes hasta que adquiera una consistencia homogénea. Sirve de inmediato.

Tip: Para sorbete de durazno, sustituye las naranjas por una cantidad igual de duraznos.

GALLETAS DE CALABAZA
Rinde 1 porción

Tiempo de preparación: 10 minutos
Tiempo total: 1 hora (más tiempo para enfriar)

- 3 claras de huevo grandes a temperatura ambiente
- ⅛ de cucharadita de crémor tártaro
- ¼ de cucharadita de extracto de vainilla
- ½ cucharadita de jugo de limón
- ½ taza de xilitol
- ¼ de taza de puré de calabaza
- ½ cucharadita de canela
- 1 pizca de nuez moscada, jengibre y pimienta gorda

Precalienta el horno a 150 °C. Cubre una charola para hornear con papel encerado. Bate las claras de huevo a velocidad media-baja hasta que se espesen. Añade el crémor tártaro, la vainilla y el jugo de limón, y continúa batiendo hasta que se formen picos suaves. Agrega gradualmente el xilitol. Bate hasta que se formen picos firmes.

En un tazón, mezcla el puré con las especias. Cuidadosamente, mézclalo con movimientos envolventes en ¼ del merengue. Con cuidado, agrega la mezcla de calabaza al resto del merengue con movimientos envolventes. Pon pequeñas porciones de merengue en la charola preparada. Hornéalas durante 50 minutos, hasta que estén un poco crujientes. Espera a que las galletas se enfríen durante varias horas.

Tip: Dado que no contienen fruta, no pueden tomarse como un refrigerio, pero disfrútalas con una comida o cena de la fase 1 (sólo añade tu día extra de ejercicio).

LISTA DE ALIMENTOS DE LA FASE 1

Para modificar cualquiera de las recetas para esta fase de la dieta, o para preparar tus propias recetas, puedes usar cualquiera de los alimentos de la siguiente lista de alimentos de la fase 1.

VERDURAS Y HOJAS VERDES (FRESCAS, ENLATADAS O CONGELADAS)

Apio, incluyendo las hojas
Arruruz
Arúgula
Berenjena
Betabeles
Calabacitas y calabacitas
   amarillas
Calabaza
Camotes amarillos y blancos
Cebollas, morada y
   amarilla
Cebollitas de cambray
Champiñones

Chícharos, chícharos
   japoneses
Chiles verdes
Chirivías
Col rizada
   Col: *todas las clases*
Colinabo
Ejotes, ejotes franceses
Ensalada de hojas verdes
Espinaca
Espirulina
Floretes de brócoli
Frijoles: peruanos

Germinados
Jícama
Jitomates
Lechuga (cualquiera menos
   iceberg)
Pepinos
Pimientos: morrón,
   peperoncino
Poros
Rábanos
Retoños de bambú
Zanahorias

FRUTAS (FRESCAS O CONGELADAS)

Cerezas
Chabacanos
Duraznos
Fresas
Granadas
Guayaba
Higos
Kiwis
Kumquat (naranja enana)

Limas
Limones
Mandarinas
Mangos
Manzanas
Melón cantalupo
Melón dulce
Moras de Logan

Moras: zarzamoras, azules,
   frambuesas
Naranjas
Papaya
Peras
Peras asiáticas
Piñas
Sandía
Toronja

PROTEÍNA ANIMAL

Animales de caza: perdiz,
   faisán
Atún, fresco o blanco,
   enlatado en agua
Carne de búfalo, molida
Cerdo: lomo
Embutidos libres de nitratos:
   pavo, pollo, rosbif
Filete de abadejo

Filete de lenguado
Filete de merluza
Gallina de Guinea
Halibut: *filete*
Huevos, sólo claras
Pavo: *pechuga, magra
   molida*

Pollo: *carne blanca sin hueso,
   sin piel*
Res en conserva
Res: *filete, magra molida*
Salchichas libres de nitratos:
   pavo, pollo
Sardinas, enlatadas en agua
Tocino de pavo: *libre de
   nitratos*

PROTEÍNA VEGETAL

Frijoles carita
Frijoles secos o enlatados:
    adzuki, negros,

peruanos, blancos, alubias,
    lima, blancos del norte,
    pintos

Garbanzos
Habas, frescas o enlatadas
Lentejas, lentejas amarillas

CALDOS, HIERBAS, ESPECIAS, CONDIMENTOS Y SUPLEMENTOS

Ajo, fresco
Caldo de tomate
Caldos: res, pollo,
    verduras*
Cátsup, sin azúcar añadida
    ni jarabe de maíz
Endulzantes: Stevia, xilitol
Extracto de vainilla o menta
Hierbas frescas: todas las
    clases
Hierbas secas: todas las
    clases
Jengibre, fresco

Levadura de cerveza: fresca
    y suplemento
Mostaza, preparada,
    seca
Pasta de tomate
Pepinillos, sin azúcar
    añadida
Rábano picante, preparado
Salsa
Sazonadores naturales:
    aminoácidos líquidos
    Bragg, aminoácidos
    de coco, salsa tamari

Sazonadores: pimientas
    negra y blanca, canela,
    chile en polvo, chile de
    árbol molido, comino,
    curry en polvo, nuez
    moscada, sal con
    cebolla, cacao crudo en
    polvo, cúrcuma, sal de
    mar, sazonador Simply
    Organic
Tés herbales sin cafeína o
    Pero
Vinagre: cualquier clase

GRANOS Y ALMIDONES

Amaranto
Arroz integral: arroz, cereal,
    galletas, harina, pasta,
    tortillas
Arroz salvaje
Arruruz
Avena: cortada, entera
Cebada

Espelta: pasta, pretzels,
    tortillas
Granos germinados:
    bagels, pan, tortillas
Kamut
Leche de arroz, simple
Mezcla para hornear sin
    gluten

Mijo
Queso o leche de
    arroz integral
Quinoa
Tapioca
Tef
Trigo sarraceno
Triticale

GRASAS SALUDABLES

Ninguna para esta fase

* Todos los caldos, de ser posible, deben ser libres de aditivos y conservadores.

Fase 2

DESAYUNO

SALMÓN AHUMADO Y PEPINO
Rinde 1 porción

▲ **FASE 2**

Tiempo de preparación: 2 minutos
Tiempo total: 2 minutos

- 1 pepino
- 170 gramos de salmón ahumado, libre de nitratos, sin azúcar añadida
- ¼ de cucharadita de jugo de lima (opcional)
- 1 pizca de eneldo fresco (opcional)

Rebana el pepino en rodajas de aproximadamente 1 centímetro de grosor. Rebana el salmón en trozos de 2 centímetros. Pon los trozos de salmón sobre las rodajas de pepino. Rocía el jugo de lima o sazónalo con el eneldo si lo utilizas.

Tip: Siéntete libre de usar más pepinos con la cantidad de salmón. Recuerda, ¡las verduras son ilimitadas!

JÍCAMA CON TOCINO Y LIMA
Rinde 1 porción

▲ FASE 2

Tiempo de preparación: 5 minutos
Tiempo total: 5 minutos

- 4 rebanadas de tocino de pavo
- ½ taza de jícama picada en cubos
- Jugo de ¼ de lima (1 ½ cucharaditas)

Cocina el tocino de pavo de acuerdo con las indicaciones del empaque, cuélalo, rebánalo y pásalo a un tazón. Agrega la jícama y el jugo de lima. Revuelve y sirve.

ESPÁRRAGOS ENVUELTOS CON TOCINO
Rinde 1 porción

▲ FASE 2

Tiempo de preparación: 5 minutos
Tiempo total: 25 minutos

- 4 tallos de espárragos
- 4 rebanadas de tocino de pavo
- 2 cucharadas de caldo de verduras orgánico

Precalienta el horno a 190 °C.

Enjuaga los espárragos y corta los extremos duros. Envuelve una rebanada de tocino de pavo alrededor de cada tallo de espárrago y ponlos sobre una charola para hornear con borde. Agrega el caldo, cúbrelos con papel aluminio y hornéalos durante 20 minutos o hasta que los espárragos estén suaves y el tocino cocido.

ESPINACAS Y CHAMPIÑONES REVUELTOS
Rinde 1 porción

Tiempo de preparación: 5 minutos
Tiempo total: 10 minutos

- 4 rebanadas de tocino de pavo picadas en cubos
- ½ taza de champiñones rebanados
- ½ taza de espinacas picadas
- ¼ de taza de cebolla picada en cubos
- 2 cucharadas de caldo de verduras orgánico
- Sal de mar y pimienta negra, al gusto

Calienta una sartén grande a fuego medio y, cuando ya esté caliente, cocina los ingredientes alrededor de 5 minutos, hasta que la cebolla esté suave y el tocino esté cocido. Sirve inmediatamente.

Tip: Me encanta tanto esta receta que a veces he duplicado la porción: desayuno una y divido la segunda para los refrigerios de la fase 2 (porque, recuerda, tu porción de proteína es el doble del tamaño de los refrigerios).

Cambio vegetariano (sólo veganos): Sustituye 110 gramos de tofu extra firme, cortados en trozos pequeños, por el tocino de pavo. Dora el tofu en una sartén antiadherente sobre fuego medio. Añade todos los demás ingredientes y saltéalos hasta que la cebolla esté translúcida.

CLARAS COCIDAS, RELLENAS DE VERDURAS
PICADAS FINAMENTE
Rinde 1 porción

▲ **FASE 2**

Tiempo de preparación: 2 minutos
Tiempo total: 2 minutos

- 3 huevos grandes, cocidos
- ½ taza de verduras de la fase 2 picadas finamente, cocidas

Pela los huevos, córtalos a la mitad, a lo largo, y quita las yemas. Llénalos con las verduras picadas y sirve de inmediato.

Tip: Cuando preparo esta receta, a menudo uso mis verduras que sobraron de la noche anterior. Inténtalo con cebollas, champiñones, pimientos o col.

MERENGUE DE RUIBARBO
Rinde 3 porciones

Tiempo de preparación: 10 minutos
Tiempo total: 30 minutos

- 3 tazas de ruibarbo picado
- ¾ de taza de xilitol
- ½ cucharadita de canela molida
- 3 cucharadas de polvo de arruruz
- 1 cucharadita de extracto de vainilla
- 6 claras de huevo grandes o 1 taza de claras de huevo líquidas
- 2 cucharadas de cáscara de limón picado

Precalienta el horno a 175 °C.

En una olla a fuego medio, hierve el ruibarbo, ½ taza de xilitol, canela y 5 cucharadas de agua, y déjalo cocinar alrededor de 10 minutos o hasta que el ruibarbo esté suave. Baja la flama a fuego lento, añade el arruruz y la vainilla, y continúa cocinando, moviendo constantemente, hasta que la salsa se espese.

En un tazón de vidrio limpio, bate las claras de huevo hasta que se formen picos suaves. Añade gradualmente el ¼ de taza de xilitol restante y continúa moviendo hasta formar picos firmes.

Sirve ½ taza de ruibarbo en cada uno de los tres tazones pequeños para hornear. Pon encima cantidades iguales de merengue y espolvorea la corteza de limón. Hornéalos durante 10 minutos o hasta que el merengue esté ligeramente dorado.

BISTEC CON HUEVO
Rinde 1 porción

▲ **FASE 2**

Tiempo de preparación: 5 minutos
Tiempo total: 15 minutos

- 5 gramos de filete de res, rebanado
- ¼ de taza de cebolla morada rebanada
- ¼ de taza de pimiento morrón picado en cubos
- 1 cucharada de aminoácidos de coco
- 2 claras de huevo grandes o ⅓ de taza de claras de huevo líquidas
- Sal de mar y pimienta negra, al gusto

Calienta una sartén mediana sobre fuego medio y cocina el filete, la cebolla, el pimiento y los aminoácidos de coco entre 3 y 5 minutos o hasta que el filete alcance el término deseado. Añade las claras de huevo y cocina, moviendo durante 5 minutos aproximadamente o hasta que estén firmes. Salpimienta.

Tip: Suelo usar filete que me sobró de la noche anterior. Esto hace muy rápido el desayuno. También puedes reemplazar el filete de res con carne de res magra molida o con falda de res asada.

CERDO Y COL BERZA
Rinde 1 porción

> Tiempo de preparación: 2 minutos
> Tiempo total: 15 minutos

- 110 gramos de lomo de cerdo picado en cubos
- 1 cucharada de salsa tamari
- ¼ de cucharadita de chile de árbol molido
- ¼ de cucharadita de mostaza seca
- ¼ de cucharadita de ajo picado finamente
- ¼ de cucharadita de sal de mar
- ¼ de cucharadita de pimienta negra
- 1 taza de hojas de col berza sin tallo y rebanada en tiras de 1 centímetro

Calienta una sartén sobre fuego medio y cocina el cerdo, la salsa tamari, el chile de árbol, la mostaza, el ajo, la sal y la pimienta, moviendo ocasionalmente, entre 8 y 10 minutos o hasta que el cerdo esté bien cocido. Añade la col berza y cocina alrededor de 5 minutos más, hasta que la col se suavice y se reduzca.

DESAYUNO SUREÑO SALTEADO
Rinde 1 porción

▲ **FASE 2**

Tiempo de preparación: 5 minutos
Tiempo total: 15 minutos

- 110 gramos de carne de res magra molida
- ½ taza de col picada en cubos
- ¼ de taza de chiles verdes Hatch
- ¼ de taza de cebolla picada
- ½ cucharadita de chile de árbol molido
- ½ cucharadita de cilantro fresco, picado
- ½ pimiento morrón, sin tallo, sin semillas
- ½ cucharadita de jugo de lima

Calienta una sartén mediana antiadherente a fuego medio y, cuando ya esté caliente, cocina la carne, la col, el chile, la cebolla, el chile de árbol y el cilantro, moviendo constantemente, alrededor de 7 minutos o hasta que la carne esté cocida. Rellena el pimiento con la mezcla de carne y rocía encima el jugo de lima.

Cambio vegano: Sustituye la carne molida por 110 gramos de tempeh picado en cubos y cocina como se indica. Recuerda, dado que el tempeh contiene soya, ésta es una excepción para mis amigos veganos.

OMELETTE DE CLARAS Y BRÓCOLI
Rinde 1 porción

Tiempo de preparación: 5 minutos
Tiempo total: 25 minutos

- 1 cucharada de cebolla picada
- 1 cucharada de chalote picado
- 1 cucharada de ajo picado finamente
- ½ taza de brócoli fresco picado
- 3 claras de huevo grandes o ½ taza de claras de huevo líquidas
- 1 pizca de sal de mar

Cocina la cebolla, el chalote y el ajo en una sartén antiadherente sobre fuego medio-alto entre 5 y 6 minutos o hasta que se suavicen. Agrega el brócoli, revuelve y cocina alrededor de 10 minutos más o hasta que se suavice. Mezcla las claras de huevo y revuélvelas. Deja que los huevos se cocinen hasta adquirir la consistencia deseada. Espolvorea la sal y sirve.

ESTOFADO DE TEMPEH Y CHAMPIÑONES
Rinde 2 porciones

Tiempo de preparación: 10 minutos
Tiempo total: 30 minutos

- 220 gramos de tempeh cortado en cubos pequeños
- 1 taza de cebolla picada en cubos
- ½ taza de pimiento rojo picado en cubos
- 2½ tazas de hongos rebanados (portobello baby u otra variedad)
- 1 cucharada de vinagre balsámico
- 5 tazas de espinacas baby
- Pimienta negra, al gusto
- 1 pizca de nuez moscada molida

Calienta una sartén grande antiadherente a fuego medio-alto y, cuando ya esté caliente, cocina el tempeh hasta que se dore, moviendo constantemente, alrededor de 5 minutos. Mueve el tempeh hasta un lado de la sartén, añade la cebolla y el pimiento, y saltéalos durante 5 minutos aproximadamente. Agrega los hongos y cocina, moviendo constantemente, 5 minutos más, hasta que se doren. Vierte el vinagre balsámico, reduce la flama, tapa la sartén y cocina alrededor de tres minutos. Añade la espinaca y cocina dos minutos más, justo hasta que la espinaca se caliente y empiece a suavizarse. Sazona con la pimienta y la nuez moscada.

Tip: Se conserva bien, ¡así que guarda el resto para el desayuno o la comida de mañana!

Nota: Dado que contiene tempeh, esta receta es sólo para veganos o para vegetarianos que no coman huevos.

COMIDA

ENVUELTO DE LECHUGA Y ROSBIF CON MOSTAZA
Rinde 1 porción

▲ **FASE 2**

Tiempo de preparación: 2 minutos
Tiempo total: 2 minutos

- 110 gramos de rosbif libre de nitratos, rebanado
- Hojas de lechuga
- 1 cucharada de mostaza Dijon
- 5 a 6 rebanadas de cebolla morada

Acomoda las rebanadas de rosbif en las hojas de lechuga (probablemente utilizarás 2 hojas) y unta la mostaza sobre la carne. Esparce la cebolla sobre la carne y enrolla la lechuga con cuidado sobre el relleno para cubrirlo. Come de inmediato.

Tip: ¡También me encanta esta receta con pavo y pepinillos!

ENSALADA DE ATÚN EN HOJAS DE ENDIVIA
Rinde 1 porción

▲ **FASE 2**

Tiempo de preparación: 5 minutos
Tiempo total: 5 minutos

- 170 gramos de atún en agua, escurrido
- ¼ de taza de berros frescos
- ¼ de taza de pepinillos al eneldo, sin conservadores, sin azúcares añadidos
- 2 cucharadas de cebolla morada picada en cubos
- 1 cucharada de vinagre de coco
- Sal de mar y pimienta negra, al gusto
- 4 hojas de endivia

En un tazón pequeño, mezcla el atún, los berros, los pepinillos, la cebolla y el vinagre. Salpimienta. Sirve la ensalada de atún dentro de las hojas de endivia como si fueran tazones pequeños. Come inmediatamente.

Cambio vegetariano: Sustituye el atún por ½ taza de edamame. Cocina el edamame congelado en el horno de microondas con una pequeña cantidad de agua en un plato tapado durante 2 o 3 minutos. Escúrrelo y enjuágalo con agua fría.

Tip: Muchos de mis clientes tienen serias alergias alimenticias y el vinagre de coco es uno de los pocos vinagres que muchos de ellos toleran. Además ¡sabe bien! Puedes encontrarlo en tu tienda naturista local o pedirlo en línea.

ENSALADA CONFETI DE EDAMAME PICADO
Rinde 1 porción

Tiempo de preparación: 5 minutos
Tiempo total: 5 minutos

- ½ taza de edamame cocido y frío
- ½ taza de brócoli picado
- ½ taza de pimiento rojo picado en cubos
- ¼ de pepino picado en cubos
- ¼ de taza de cebollitas de cambray picada en cubos, con tallo
- ¼ de taza de peperoncino picado en cubos
- Jugo de lima, al gusto
- Salsa tamari, al gusto

En un tazón mediano, revuelve el edamame y el brócoli con el pimiento, el pepino, la cebolla y el peperoncino. Aderézalo con el jugo de lima y un chorrito de salsa tamari.

Nota: Dado que contiene edamame (frijoles de soya), esta receta es sólo para veganos o para vegetarianos que no coman huevos.

ENSALADA DE PUNTAS DE BÚFALO
Rinde 1 porción

▲ **FASE 2**

Tiempo de preparación: 5 minutos
Tiempo total: 15 minutos

- 110 gramos de puntas de búfalo rebanadas en tiras de 5 × 1 centímetros
- Jugo de ½ lima (1 cucharada)
- ⅛ de cucharadita de chile de árbol molido
- ⅛ de cucharadita de chile en polvo
- 1 pizca de sal de mar
- 2 a 4 tazas de mezcla de hojas verdes
- ½ taza de pepino picado en cubos
- ¼ de taza de cebollitas de cambray rebanada, con tallo
- Cualquier aderezo de la fase 2

Precalienta la parrilla.

Marina las puntas de búfalo con el jugo de lima, el chile de árbol, el chile en polvo y la sal. Acomoda las tiras en una sartén con parrilla y ásalas entre 5 y 7 minutos o hasta que adquieran el término deseado. Sirve sobre una cama de hojas verdes con pepino y cebollita de cambray, y vierte encima cualquier aderezo de la fase 2.

ENSALADA DE FAJITAS DE POLLO
Rinde 4 porciones

Tiempo de preparación: 10 minutos
Tiempo total: 25 minutos

- ¼ de taza de aminoácidos de coco
- 4 pechugas de pollo pequeñas (450 gramos aproximadamente), sin hueso, sin piel, cortadas en trozos pequeños
- 1 pimiento morrón, sin semillas y cortado en julianas largas
- 1 cebolla blanca mediana, cortada en rodajas
- ¼ o ½ cucharadita de chile en polvo suave, o al gusto
- ¼ de cucharadita de sal de mar, o al gusto
- 4 tazas de lechuga troceada

Pon 2 cucharadas de los aminoácidos de coco en una sartén grande antiadherente a fuego medio y, cuando esté caliente, cocina el pollo alrededor de 7 minutos o hasta que se dore ligeramente. Agrega el pimiento, la cebolla, el chile en polvo, la sal y las otras 2 cucharadas de aminoácidos de coco. Cocina alrededor de 5 minutos más, hasta que la cebolla esté suave. Sirve sobre la lechuga.

PASTEL DE CARNE DE PAVO CASERO
Rinde 8 porciones

▲ **FASE 2**

Tiempo de preparación: 5 minutos
Tiempo total: 15 minutos

- 900 gramos de pavo molido
- 2 claras de huevo grandes o ⅓ de taza de claras de huevo líquidas
- 2 cucharadas de aminoácidos de coco
- ½ taza de cebolla picada en cubos
- ½ taza de apio picado
- 1 cucharadita de ajo picado finamente
- 1 cucharadita de sal de mar
- 1 cucharadita de pimienta negra
- 4 a 6 tazas de brócoli al vapor

Precalienta el horno a 190 °C.

Mezcla el pavo, las claras de huevo, los aminoácidos de coco, la cebolla, el apio, el ajo, la sal y la pimienta en un tazón grande. Cuando estén bien incorporados, compacta la mezcla en un molde cuadrado antiadherente y hornéalo durante 1 hora aproximadamente o hasta que esté bien cocido. Déjalo reposar durante 10 minutos. Rebana y sirve con el brócoli al vapor.

EJOTES Y PAVO MOLIDO EN TAZONES DE LECHUGA MANTEQUILLA
Rinde 4 porciones

Tiempo de preparación: 10 minutos
Tiempo total: 25 minutos

- 450 gramos de carne de pavo magra molida
- 3 tazas de ejotes picados
- ½ taza de cebolla morada picada finamente
- 3 cucharadas de aminoácidos de coco
- 3 cucharadas de caldo de verduras orgánico
- ¼ de cucharadita de pimienta recién molida
- ⅛ de cucharadita de sal de mar
- 4 hojas de lechuga mantequilla
- ½ taza de cualquier aderezo de la fase 2

En una sartén grande antiadherente, cocina el pavo, moviendo para separar la carne, entre 2 y 3 minutos. Agrega los ejotes, la cebolla, los aminoácidos y el caldo, sazona con la pimienta y la sal, y continúa cocinando, moviendo frecuentemente, entre 10 y 12 minutos, o hasta que el pavo esté bien cocido y los ejotes estén suaves.

Sirve la mezcla en las hojas de lechuga como si fueran tazones pequeños y rocía porciones iguales de aderezo sobre cada una.

POLLO ASADO AL LIMÓN
Rinde 4 porciones

▲ **FASE 2**

Tiempo de preparación: 5 minutos
Tiempo total: 2 a 4 horas (incluye tiempo para marinar)

- 2 cucharadas de albahaca fresca, picada finamente
- 2 cucharadas de caldo de verduras orgánico
- 2 cucharadas de mostaza picante
- Jugo de 1 limón (3 cucharadas)
- 1 pizca de sal de mar
- 1 pizca de pimienta negra
- 4 pechugas de pollo pequeñas (450 gramos aproximadamente), sin hueso, sin piel

En un tazón pequeño, mezcla la albahaca, el caldo, la mostaza, el jugo de limón, la sal y la pimienta. Pásalo a una bolsa de plástico grande y agrega el pollo. Cierra la bolsa y muévelo para cubrir el pollo con la marinada. Asegúrate de que la bolsa esté bien sellada y guárdala en el refrigerador entre 2 y 4 horas.

Precalienta la parrilla o el asador.

Saca el pollo de la bolsa y deja que suelte cualquier exceso de la marinada en la bolsa. Desecha la marinada. Asa el pollo entre 5 y 7 minutos de cada lado, hasta que esté bien cocido.

FILETE MIÑÓN CON PIMIENTA, LIMÓN Y COL
Rinde 1 porción

Tiempo de preparación: 5 minutos
Tiempo total: 15 minutos

- 110 gramos de filete miñón
- 2 cucharaditas de vinagre de manzana
- ½ cucharadita de pimienta con limón
- ⅛ de cucharadita de hojas de romero fresco finamente picadas
- 1 taza de col troceada
- 1 pizca de Stevia

Sazona el filete con 1 cucharadita de vinagre, ¼ de cucharadita de pimienta con limón y el romero. Frótalos con cuidado sobre la carne. Calienta una sartén de fondo ancho sobre fuego medio y saltea el filete entre 2 y 3 minutos de cada lado o cocínalo hasta que adquiera el término deseado. Déjalo reposar durante 5 minutos y luego rebánalo muy delgado.

Pon la col, el Stevia, 1 cucharada de agua, la cucharadita restante de vinagre y ¼ de cucharadita de pimienta con limón que sobró en una olla pequeña. Cocina la col sobre fuego medio, moviendo constantemente, entre 3 y 5 minutos, o hasta que estén un poco suaves. Procura no cocinar de más la col; debe estar crujiente. Sirve el filete rebanado sobre una cama de col.

BISTEC ASADO CON COSTRA DE MOSTAZA
Rinde 1 porción

▲ FASE 2

Tiempo de preparación: 15 minutos
Tiempo total: 30 minutos

- 2 cucharaditas de vinagre balsámico
- 2 dientes de ajo picados finamente
- 1 cucharadita de mostaza seca
- ½ cucharadita de pimienta negra
- ¼ de cucharadita de sal de mar
- 110 gramos de filete de res o falda de res
- Mezcla de hojas verdes
- Cualquier aderezo de la fase 2

Precalienta la parrilla.

Cubre una sartén para parrilla con papel aluminio.

En un tazón, mezcla el vinagre, el ajo, la mostaza, la pimienta y la sal. Pon el filete en la sartén lista y esparce la mezcla de mostaza sobre él. Déjalo durante 10 minutos para permitir que los sabores se combinen. Asa el filete entre 3 y 4 minutos de cada lado para un término medio o hasta que adquiera el término deseado. Deja el filete enfriar alrededor de 5 minutos antes de rebanarlo y servirlo sobre una cama de hojas verdes, rociadas con un aderezo de la fase 2.

ENVUELTO DE BÚFALO
Rinde 4 porciones

Tiempo de preparación: 10 minutos
Tiempo total: 25 minutos

- 8 hojas de col grandes
- 1 cucharadita de aminoácidos de coco
- 1 cebolla pequeña, picada
- 1 cucharada de ajo picado
- 1 ramita de romero fresco, sin tallo y picada
- 450 gramos de búfalo o bisonte molido

Pon las hojas de col en una olla grande y llénala con agua. Hierve el agua sobre fuego medio-alto e inmediatamente baja la flama a fuego lento. Déjalo cocinar durante 2 minutos o hasta que la col esté un poco suave. No la cocines de más. Saca las hojas del agua y escúrrelas sobre toallas de papel.

Calienta una sartén de fondo grueso a fuego medio y, cuando ya esté caliente, cocina los aminoácidos de coco, la cebolla, el ajo y el romero alrededor de 5 minutos o hasta que la cebolla esté transparente. Saca las cebollas de la sartén y reserva. Recalienta la sartén a fuego medio y, cuando ya esté caliente, cocina el búfalo, moviendo constantemente para separar la carne, alrededor de 5 minutos, o hasta que se dore. Devuelve las cebollas a la sartén, revuelve y quita del fuego. En un platón plano, acomoda una hoja de col, con la parte del tallo lejos de ti. Sirve ⅛ del relleno de carne sobre la hoja, dobla los lados de ésta y enróllala con cuidado. Pon el rollo, con la abertura hacia abajo, sobre un plato para servir y repite con las 7 hojas de col restantes. Sirve inmediatamente.

ENSALADA DE ATÚN CON ADEREZO DE LIMÓN
Rinde 1 porción

▲ FASE 2

Tiempo de preparación: 5 minutos
Tiempo total: 1 hora y 5 minutos

- 170 gramos de atún en agua, escurrido
- ¼ de taza de col morada troceada
- ½ taza de pepino picado en cubos
- 2 cucharaditas de cebolla morada picada finamente
- 1 cucharada de vinagre
- 1 cucharada de jugo de limón
- 1 pizca de Stevia
- 1 pizca de eneldo fresco

Pon el atún, la col y la cebolla en un tazón mediano. En otro tazón más pequeño, mezcla el vinagre, el jugo de limón, el Stevia y el eneldo. Revuelve la mezcla de atún con la mezcla de vinagre y refrigérala por lo menos durante 1 hora.

Tip: Puedes utilizar esta receta para rellenar una hoja de endivia o un pimiento morrón.

ENSALADA CALIENTE DE ESPÁRRAGOS Y TOCINO
Rinde 1 porción

▲ FASE 2

Tiempo de preparación: 5 minutos
Tiempo total: 10 minutos

- 6 tallos de espárragos
- 4 rebanadas de tocino de pavo
- 2 cucharadas de cebolla morada picada en cubos
- 1 cucharada de caldo de verduras orgánico

Corta o troza los extremos duros de los tallos de espárragos y deséchalos. Corta los tallos en trozos de 2.5 centímetros. Corta el tocino de pavo en trozos de 2.5 centímetros. Calienta una sartén sobre fuego medio y, cuando esté caliente saltea los espárragos, el tocino, la cebolla y el caldo alrededor de 8 minutos o hasta que los espárragos estén suaves.

CENA

POLLO CON HONGOS SHIITAKE Y HOJAS DE MOSTAZA
Rinde 4 porciones

▲ **FASE 2**

Tiempo de preparación: 5 minutos
Tiempo total: 25 minutos

- 450 gramos de pechugas de pollo, sin hueso, sin piel, cortadas en cubos de 2.5 centímetros
- ¼ de taza de caldo de verduras orgánico
- 1 manojo de hojas de mostaza cortadas en trozos
- 2 tazas de hongos shiitake al vapor y picados
- 4 dientes de ajo picados finamente
- 1 cucharada de jengibre picado finamente
- 1 cucharada de vinagre de coco
- 1 manojo de cebollitas de cambray, cortadas en trozos de 2.5 centímetros, con tallo
- 1 cucharadita de sal de mar
- 1 cucharadita de pimienta blanca

Calienta una sartén a fuego medio y, cuando ya esté caliente, cocina el pollo con 1 cucharada de caldo de verduras durante 5 minutos o hasta que el pollo esté ligeramente dorado. Agrega las 3 cucharadas de caldo de verduras restantes, las hojas de mostaza, los hongos, el ajo, el jengibre y el vinagre. Tápalo y cocina durante 5 minutos para dar a las hojas tiempo de suavizarse un poco. Quita la sartén del fuego, agrega las cebollitas de cambray, sal y pimienta, revuelve y sirve.

KEBABS DE POLLO MARINADO Y VERDURAS
Rinde 1 porción

▲ **FASE 2**

Tiempo de preparación: 10 minutos
Tiempo total: alrededor de 4 horas

- 110 gramos de pechugas de pollo sin hueso, sin piel
- 1 cebolla
- ½ cucharadita de sal de mar
- ½ cucharadita de pimienta
- ¼ de taza de cualquier aderezo de la fase 2
- ½ taza de pimientos rojos picados en cubos (trozos de 4 centímetros)
- 6 hongos pequeños, botón blanco o crimini
- 1 taza de espinacas al vapor

Corta el pollo en trozos de 4 centímetros. Corta la cebolla en 6 porciones pequeñas. Pon el pollo y la cebolla en un tazón. Agrega la sal y la pimienta al aderezo y viértelo encima del pollo y la cebolla. Revuelve con cuidado para cubrir todo y luego tapa el tazón y déjalo marinar durante 4 horas por lo menos, hasta un máximo de 8 horas, en el refrigerador.

Ensarta la carne, la cebolla, los pimientos y los hongos en brochetas de metal, y ásalos a fuego medio durante 10 minutos o hasta que el pollo esté bien cocido y las verduras estén suaves.

Sirve sobre una cama de espinacas al vapor.

ESTOFADO LENTO DE RES
Rinde 8 porciones

Tiempo de preparación: 10 minutos
Tiempo total: 3 a 8 horas (olla de cocción lenta)

- 900 gramos de carne de res para estofado
- ¼ de taza de arruruz
- 2 tazas de col troceada
- 1 taza de apio picado en cubos
- 1 taza de ejotes cortados en trozos pequeños
- 1 taza de champiñones en cuartos
- ½ taza de cebollitas de cambray picadas en cubos, con tallo
- ½ taza de cebolla picada en cubos
- 2 cucharadas de sal de mar
- ½ cucharadita de tomillo seco
- 1 hoja de laurel
- 4 tazas de caldo de carne orgánico

Pon todos los ingredientes en una olla de cocción lenta con 2 tazas de agua y cocínalos entre 3 y 4 horas en alto, o entre 6 y 8 horas en bajo. Saca la hoja de laurel y sirve muy caliente.

PASTEL DE PAVO Y ESPÁRRAGOS
Rinde 8 porciones

Tiempo de preparación: 10 minutos
Tiempo total: 1 hora y 20 minutos

- 900 gramos de carne de pavo molida
- ½ taza de cebolla picada en cubos
- ½ taza de apio picado
- 2 claras de huevo grandes o ⅓ de taza de claras de huevo líquidas
- 2 cucharadas de aminoácidos de coco
- 1 cucharadita de ajo picado finamente
- 1 cucharadita de sal de mar
- 1 cucharadita de pimienta negra
- 900 gramos de espárragos al vapor

Precalienta el horno a 190 °C.

Mezcla todos los ingredientes excepto los espárragos en un tazón grande. Presiona la mezcla en un molde cuadrado antiadherente y hornéala durante 1 hora. Déjala reposar durante 10 minutos. Rebana y sirve con los espárragos.

BACALAO HORNEADO Y VERDURAS
Rinde 4 porciones

Tiempo de preparación: 5 minutos
Tiempo total: 30 minutos

- 2 tazas de tallos de espárragos, sin extremos duros, cortados en trozos de 2.5 centímetros
- 1 taza de brócoli picado
- 2 cucharadas de salsa tamari
- 700 gramos de bacalao fresco
- 1 limón rebanado
- 1 cucharada de páprika
- ¼ de cucharadita de sal de mar
- ⅛ de cucharadita de mostaza seca
- 1 pizca de eneldo fresco

Precalienta el horno a 230 °C.

Pon los espárragos y el brócoli en un molde para hornear, rocía la salsa tamari encima y cúbrelo con papel aluminio. Hornea entre 10 y 15 minutos o hasta que las verduras se suavicen. Pon el bacalao encima de las verduras y cubre el pescado con las rebanadas de limón. Sazona con la páprika, la sal, la mostaza y el eneldo. Cubre con papel aluminio y hornea 10 o 15 minutos más o hasta que el bacalao esté bien cocido.

ENVUELTOS DE LECHUGA Y FAJITAS DE RES
Rinde 4 porciones

▲ FASE 2

Tiempo de preparación: 10 minutos
Tiempo total: 18 minutos

- 450 gramos de falda de res, rebanada en tiras de 1 centímetro
- 2 cucharadas de caldo de verduras orgánico
- 1 pimiento rojo, sin semillas y en rebanadas delgadas
- 1 pimiento amarillo, sin semillas y en rebanadas delgadas
- 1 cebolla dulce, en rebanadas delgadas
- 1 taza de champiñones rebanados
- 4 dientes de ajo picados finamente
- 1 cucharadita de chile chipotle picado
- 1 cucharada de cilantro fresco picado
- 1 cucharadita de chile de árbol molido
- 3 cucharadas de jugo de lima fresco
- 1 cabeza de lechuga, las hojas grandes separadas para usar como tazones

Calienta una sartén de fondo grueso sobre fuego medio y, cuando ya esté caliente, soasa la falda de res, moviendo constantemente, alrededor de 3 minutos o hasta que esté ligeramente dorada. Agrega el caldo, los pimientos, la cebolla, los champiñones, el ajo, el chile chipotle, el cilantro y el chile de árbol, y revuelve bien. Rocía el jugo de lima, mezcla de nuevo y cocina durante 5 minutos más, moviendo hasta que la carne esté bien cocida o cocida al término deseado. Pon el relleno de carne en los tazones de lechuga y sirve inmediatamente.

Tip: Mi lechuga favorita para usar con estos envueltos deliciosos es la lechuga mantequilla.

LOMO DE CERDO AL ROMERO Y VERDURAS DE HOJA VERDE CON PIMIENTA
Rinde 8 porciones

▲**FASE 2**

Tiempo de preparación: 5 minutos
Tiempo total: 40 minutos a 24 horas (dependiendo de cuánto tiempo se marine)

- 900 gramos de lomo de cerdo
- 2 cucharadas de hojas de romero fresco, picadas finamente
- 6 cucharadas de mostaza de grano entero
- 6 cucharadas de vinagre de coco
- 1 cucharadita de extracto de vainilla
- ¼ de cucharadita de canela molida
- 4 tazas de hojas de mostaza

Pon el cerdo en un plato de vidrio, cerámica o cualquier otro material no reactivo. En un tazón pequeño, mezcla el romero, la mostaza, el vinagre, el extracto de vainilla y la canela. Vierte la marinada sobre el cerdo, tápalo y refrigéralo por lo menos 15 minutos, y hasta 24 horas.

Precalienta la parrilla.

Pasa el cerdo a una sartén para parrilla y ásalo a 10 o 15 centímetros del fuego, durante 7 u 8 minutos. Voltea el cerdo, rocíalo con su propio jugo y ásalo 7 minutos más o hasta que la carne esté bien cocida. Pasa el cerdo a una tabla para picar y déjalo reposar durante 10 minutos antes de rebanarlo.

Cocina al vapor las hojas de mostaza entre 3 y 5 minutos. Corta el cerdo en rebanadas de 1.5 centímetros y acomódalas encima de las hojas al vapor. Rocía una cucharada de los jugos de la sartén sobre cada porción.

ENSALADA DE SARDINAS CON COL RIZADA Y TOCINO
Rinde 2 porciones

▲ **FASE 2**

Tiempo de preparación: 5 minutos
Tiempo total: 35 minutos

- 4 rebanadas de tocino de pavo picadas
- 3 dientes de ajo picados finamente
- 1 manojo de col rizada, sin la nervadura, y las hojas troceadas
- Pimienta negra, al gusto
- ½ taza de caldo de pollo orgánico
- 2 latas de 80 gramos de sardinas ahumadas, en agua, escurridas

En una sartén a fuego lento, saltea el tocino durante 4 minutos de cada lado, hasta que empiece a dorarse. Sube la flama a media y agrega el ajo. Saltea alrededor de 1 minuto, añade entonces la col rizada y la pimienta, revuelve y cocina durante 4 minutos, hasta que la col rizada empiece a suavizarse. Agrega el caldo y ½ taza de agua, sube la flama un poco y cocina alrededor de 15 minutos o hasta que la col esté cocida y la mayoría del líquido se haya evaporado. Agrega las sardinas, mezcla bien y sirve caliente.

POLLO CON LIMÓN, MOSTAZA Y PIMIENTA
Rinde 8 porciones

Tiempo de preparación: 10 minutos
Tiempo total: 3 a 8 horas (olla de cocción lenta)

- 450 gramos de pechugas de pollo, sin hueso, sin piel, cortadas en trozos de 5 centímetros
- 1 pimiento rojo, sin semillas, picado en cubos
- 1 pimiento amarillo, sin semillas, picado en cubos
- 1 pimiento naranja, sin semillas, picado en cubos
- 2 tazas de caldo de pollo orgánico
- ¾ de taza de mostaza Dijon
- ¼ de taza de cebolla morada picada en cubos
- ¼ de taza de xilitol
- 2 cucharadas de aminoácidos de coco
- 2 ramitas de romero fresco
- Jugo de 1 limón

Pon todos los ingredientes en una olla de cocción lenta o una olla eléctrica, y cocínalos entre 3 y 4 horas en alto, o entre 6 y 8 horas en bajo. Saca las ramitas de romero antes de servir.

Tip: Todas las cenas de la fase 2 también pueden tomarse como comida. Me encanta tomar las sobras de esta cena y servirlas sobre una cama de verduras mixtas con aderezo de la fase 2, para la comida de la fase 2 del día siguiente.

ALBÓNDIGAS GRIEGAS Y VERDURAS
Rinde 4 porciones

▲ FASE 2

Tiempo de preparación: 15 minutos
Tiempo total: 30 minutos

Para las albóndigas
- 450 gramos de cordero molido
- 2 dientes de ajo picados finamente
- 1 chalote grande picado finamente
- 1 cucharada de chile jalapeño sin semillas, picado
- 2 cucharadas de menta fresca picada
- 1 cucharada de aminoácidos de coco
- ½ cucharadita de pimienta negra

Para las verduras
- 1 pimiento rojo, sin semillas y picado en cubos
- 1 pimiento verde, sin semillas y picado en cubos
- 1 cebolla rebanada
- 20 champiñones medianos, rebanados
- ½ taza de arúgula
- ¼ de taza de caldo de verduras orgánico
- 1 cucharada de aminoácidos de coco
- 1 cucharadita de sal de mar
- ½ cucharadita de albahaca fresca o seca
- ¼ de cucharadita de eneldo fresco o seco
- ¼ de cucharadita de hinojo seco
- ¼ de cucharadita de mejorana seca

Para las albóndigas: Precalienta el horno a 190 °C. Mezcla todos los ingredientes para las albóndigas en un tazón. Con las manos húmedas, forma albóndigas de 5 centímetros de diámetro aproximadamente. Conforme las vas haciendo, pon las albóndigas sobre una charola para hornear. Cúbrelas con papel aluminio y hornéalas durante 20 minutos o hasta que las albóndigas estén bien cocidas. Mientras se hornean las albóndigas, prepara las verduras.

Para las verduras: En una sartén grande con borde, saltea las verduras, el caldo, los aminoácidos, la sal y las hierbas sobre fuego medio-alto durante 15 minutos o hasta que los pimientos estén suaves. Sirve las verduras con las albóndigas.

Tip: Mi hongo favorito para usar con esta receta es el shiitake porque tiene un sabor fuerte, pero cualquier hongo sería delicioso.

ENSALADA DE FILETE NUEVA YORK Y BRÓCOLI
Rinde 2 porciones

Tiempo de preparación: 2 minutos
Tiempo total: 10 minutos

Para el filete
- 1 cucharada de ajo picado finamente
- ½ cucharadita de cilantro fresco picado
- ¼ de cucharadita de sal de mar
- ⅛ de cucharadita de jugo de limón fresco
- 220 gramos de filete de res Nueva York

Para el brócoli
- 2 tazas de floretes de brócoli
- 1 cucharada de jugo de limón fresco
- ½ cucharadita de levadura de cerveza

Precalienta la parrilla en alto.

Para el filete: En un tazón pequeño, mezcla el ajo, el cilantro, la sal y el jugo de limón. Úntalo sobre el filete y ásalo entre 3 y 4 minutos de cada lado o hasta que adquiera el término deseado. Pasa el filete a una tabla para picar y déjalo reposar durante 5 minutos antes de rebanarlo.

Para el brócoli: Llena el fondo de una vaporera con agua. Pon el brócoli en la parte más alta de la vaporera, caliéntala a punto de hervor y baja la flama a fuego lento, tápala ligeramente y déjala hervir durante 5 minutos o hasta la cocción deseada. Mezcla el jugo de limón y la levadura de cerveza y aderza el brócoli. Sirve con el filete.

ENSALADA DE EDAMAME Y PORO
Rinde 1 porción

▲ **FASE 2**

Tiempo de preparación: 5 minutos
Tiempo total: 10 minutos

- 2 poros grandes, limpios y cortados
- ½ taza de edamame cocido
- ¼ de taza de caldo de verduras orgánico
- 3 cucharadas de vinagre de coco
- 1 cucharadita de xilitol
- 1 cucharadita de semillas de mostaza
- 1 cucharadita de jugo de limón

Corta los poros en rebanadas de 1 centímetro de grosor. Calienta una olla con agua sobre fuego medio-alto y, cuando hierva, cocina los poros durante 5 minutos o hasta que estén suaves. Escúrrelos y pásalos a un tazón poco profundo para servir. Agrega el edamame y revuelve. En un tazón pequeño, mezcla el caldo, el vinagre, el xilitol, las semillas de mostaza y el jugo de limón. Viértelo sobre los poros y mueve para mezclar.

Tip: Me encanta convertir las sobras de esta cena en puré en una licuadora y servirlas como sopa caliente. La sopa también se congela muy bien y puede guardarse para una comida o cena de la fase 2.

Nota: Dado que contiene edamame (frijoles de soya), esta receta es sólo para veganos o para vegetarianos que no coman huevos.

ESTOFADO DE TEMPEH Y VERDURAS
Rinde 2 porciones

Tiempo de preparación: 10 minutos
Tiempo total: 3 a 8 horas (olla de cocción lenta)

- 220 gramos de tempeh, cortado en cubos de 2.5 centímetros
- 2 tazas de floretes de brócoli
- 2 tazas de col troceada
- 1 taza de col rizada, sin nervadura, y con las hojas troceadas
- 1 taza de poros rebanados
- ¼ de taza de apio picado en cubos
- ¼ de taza de cebolla morada picada en cubos
- 1 hoja de laurel seca
- 4 tazas de caldo de verduras orgánico
- 2 tazas de aminoácidos de coco
- 1 cucharada de ajo picado finamente
- 1 cucharadita de sal de mar
- ½ cucharadita de albahaca seca
- ½ cucharadita de cúrcuma

Pon todos los ingredientes en una olla de cocción lenta o una olla eléctrica, y cocínalos entre 3 y 4 horas en alto, o entre 6 y 8 horas en bajo. Saca la hoja de laurel antes de servir.

Nota: Dado que contiene tempeh, esta receta es sólo para veganos o para vegetarianos que no coman huevos.

HONGOS PORTOBELLO Y HOJAS DE MOSTAZA
Rinde 4 porciones

▲ **FASE 2**

Tiempo de preparación: 5 minutos
Tiempo total: 10 minutos

- 1 manojo de hojas de mostaza troceadas
- 2 tazas de hongos portobello sin tallo y picados
- 4 dientes de ajo
- 1 cucharada de vinagre de coco
- ¼ de taza de caldo de verduras orgánico
- 1 lata de 420 gramos de frijoles blancos
- 1 manojo de cebollitas de cambray, cortadas en rebanadas de 2.5 centímetros, con tallo
- 1 cucharada de jengibre picado finamente
- 1 cucharadita de sal de mar
- 1 cucharadita de pimienta blanca

Calienta una sartén grande sobre fuego medio y, cuando ya esté caliente, cocina las hojas de mostaza, los hongos, el ajo, el vinagre y el caldo alrededor de 1 minuto, moviendo. Tapa la sartén y continúa cocinando entre 5 y 6 minutos más o hasta que las verduras estén suaves. Quita la sartén del fuego, añade los frijoles blancos, las cebollitas de cambray, el jengibre, la sal y la pimienta negra, y sirve.

Tip: Uso hongos portobello en esta receta porque no sólo contienen proteína, sino que tienen más potasio que un plátano. Combinados con las hojas de mostaza, hacen de esta comida un diurético natural.

CLARAS REVUELTAS DE LA HUERTA
Rinde 1 porción

Tiempo de preparación: 5 minutos
Tiempo total: 10 minutos

- ½ taza de champiñones picados
- 1 cucharada de cebolla picada
- 1 cucharada de chalote picado
- 1 cucharada de ajo picado finamente
- 1 cucharada de chile verde picado finamente
- 1 taza de poros picados
- 3 claras de huevo grandes o ½ taza de claras de huevo líquidas
- 1 cucharadita de perejil o cilantro fresco, picado
- ¼ de cucharadita de chile de árbol molido
- 1 pizca de sal de mar

En una sartén antiadherente, calienta 1 cucharadita de agua a fuego medio-alto y cocina los champiñones, la cebolla, el chalote, el ajo y el chile verde hasta que estén suaves. Agrega los poros, revuelve y cocina hasta que se ablanden. Añade las claras de huevo y mueve hasta que queden revueltas. Permite que las claras se cocinen hasta adquirir la consistencia deseada.

Espolvorea el perejil, el chile de árbol y la sal antes de servir.

SUFLÉ DE CLARAS Y TRES PIMIENTOS
Rinde 2 porciones

Tiempo de preparación: 10 minutos
Tiempo total: 35 a 40 minutos

- 2 cucharadas de caldo de verduras orgánico
- ½ taza de pimiento rojo picado en cubos
- ½ taza de pimiento amarillo picado en cubos
- ¼ de taza de cebolla amarilla picada en cubos
- ½ cucharadita de pimienta cayena
- 6 claras de huevo grandes, a temperatura ambiente, o 1 taza de claras de huevo líquidas
- 1 cucharadita de jugo de limón fresco
- Sal de mar y pimienta negra, al gusto

Precalienta el horno a 175 °C.

Calienta una sartén a fuego medio y, cuando ya esté caliente, agrega el caldo y saltea los pimientos y la cebolla hasta que se suavicen. Agrega la pimienta cayena y revuelve. Bate las claras de huevo y el jugo de limón hasta formar picos firmes usando un batidor de globo o una batidora eléctrica. Con cuidado, agrega la mezcla de pimientos y cebolla con movimientos envolventes en las claras de huevo, y vierte la mezcla en un molde antiadherente para hornear de 23 centímetros de diámetro. Con rapidez, pero firmemente, aplana la superficie y hornéalo entre 25 y 30 minutos o hasta que la parte de arriba esté dorada y cuando insertes un cuchillo en el centro salga limpio. Sazona con la sal y la pimienta al gusto, y sirve inmediatamente.

REFRIGERIOS

ENSALADA DE HUEVO Y MOSTAZA
Rinde 2 porciones

▲ **FASE 2**

Tiempo de preparación: 5 minutos
Tiempo total: 5 minutos

- ¼ de taza de apio picado en cubos
- 3 cucharadas de mostaza picante
- ½ cucharadita de jugo de limón fresco
- 1 pizca de eneldo fresco
- 3 claras de huevo grandes, cocidas, picadas

En un tazón pequeño, mezcla el apio, la mostaza, el jugo de limón y el eneldo. Agrega las claras de huevo con movimientos envolventes en la mezcla de apio y sirve.

PEPINILLOS ENVUELTOS CON ROSBIF
Rinde 1 porción

▲ **FASE 2**

Tiempo de preparación: 2 minutos
Tiempo total: 2 minutos

- 55 gramos de rosbif libre de nitratos, rebanado, cortado en 4 rebanadas
- 4 pepinillos al eneldo, sin conservadores ni azúcares añadidos

Enrolla el rosbif alrededor de los pepinillos y disfruta. Siéntete libre de agregar mostaza o rábanos picantes si gustas.

Tip: Sólo usamos 2 onzas de rosbif en esta receta porque debes recordar que en la fase 2 dividimos la porción normal de proteína (55 gramos en lugar de 110) para los refrigerios.

SALMÓN AHUMADO Y APIO
Rinde 1 porción

Tiempo de preparación: 2 minutos
Tiempo total: 2 minutos

- Jugo de limón fresco, al gusto
- 4 tallos de apio
- Sal de mar, al gusto
- 84 gramos de salmón ahumado, libre de nitratos, sin azúcares añadidos

Exprime el jugo de limón sobre los tallos de apio y espolvorea la sal de mar. Sirve con el salmón.

Tip: Asegúrate de que el salmón está libre de nitratos.

PATÉ DE SARDINA SILVESTRE
Rinde 1 porción

Tiempo de preparación: 2 minutos
Tiempo total: 2 minutos

- 1 lata de 105 gramos de sardinas silvestres en agua
- 1 cucharadita de mostaza Dijon
- Tallos de apio

Pon las sardinas (con el agua) y la mostaza en un procesador de alimentos, y pulsa varias veces hasta que se forme un paté suave. Rellena los tallos de apio con el paté o úsalo como una salsa.

PIMIENTO ROJO RELLENO CON ENSALADA
DE ATÚN CRUJIENTE
Rinde 1 porción

Tiempo de preparación: 2 minutos
Tiempo total: 2 minutos

- 85 a 105 gramos de atún en agua, escurrido
- ¼ de taza de pepinillos al eneldo picados en cubos
- ¼ de taza de apio picado en cubos
- 3 cucharadas de mostaza picante
- 1 pizca de eneldo fresco
- ½ cucharadita de jugo de limón fresco
- ½ pimiento rojo (la parte de abajo), sin semillas

En un tazón pequeño, mezcla muy bien el atún, los pepinillos, el apio, la mostaza, el eneldo y el jugo de limón. Rellena el pimiento con la mezcla de atún y sirve.

Tip: Me gusta guardar la otra mitad del pimiento para rebanarla y comerla como refrigerio, pero si todavía tienes hambre, cómela.

ALBÓNDIGAS DE LA HUERTA
Rinde 12 porciones (o 6 cenas)

▲ **FASE 2**

Tiempo de preparación: 10 minutos
Tiempo total: 45 minutos

- 225 gramos de carne de pavo magra molida
- 450 gramos de carne de res magra molida
- 4 tazas de espinacas picadas finamente
- ½ taza de apio picado finamente
- 4 cebollitas de cambray picadas finamente, con tallo
- 1 pimiento morrón, sin semillas, picado finamente
- ⅓ de taza de pasta de chile adelgazada con 2 cucharadas de aminoácidos líquidos de Bragg
- 2 latas de 200 gramos de chiles verdes suaves, picados en cubos
- 1 cucharadita de sal de mar, o al gusto
- ½ cucharadita de pimienta negra

Precalienta el horno a 190 °C.

En un tazón grande, mezcla todos los ingredientes. Con las manos húmedas, forma las albóndigas con la mezcla de carne y pásalas a una charola para hornear de 23 × 33 centímetros (o más grande, dependiendo del tamaño de las albóndigas). Hornéalas entre 25 y 35 minutos, volteándolas después de 15 minutos, o hasta que las albóndigas estén bien cocidas. Sácalas del horno y déjalas enfriar. Sírvelas calientes o a temperatura ambiente, o guárdalas para servir después.

Estas albóndigas pueden prepararse por adelantado y congelarse divididas igualmente en 12 bolsas. El día que planees utilizarlas, pásalas al refrigerador. Pueden comerse frías o ligeramente calientes.

Tip: Me gusta preparar una ración grande de estas albóndigas porque se congelan muy bien y puedo tenerlas a la mano para refrigerios. Las congelo en porciones de refrigerio (alrededor de 55 gramos) en bolsas de plástico resellables, y si voy a comerlas para la cena, sólo descongelo dos.

FRITURAS DE TOCINO DE PAVO Y SALSA VERANIEGA
Rinde 2 porciones

Tiempo de preparación: 10 minutos
Tiempo total: toda la noche (para marinar) más 40 minutos para cocinar

- 450 gramos de tallos de espárragos frescos, sin los extremos duros, cortados en trozos de 1 centímetro
- 1 taza de pepino fresco picado
- ½ taza de cebolla picada finamente
- 1 cucharada de cilantro fresco picado
- 1 chile jalapeño, sin semillas y picado finamente
- 1 ½ cucharaditas de vinagre de manzana
- ½ cucharadita de sal de mar
- 110 gramos de tocino de pavo

Pon los espárragos en una olla grande con 2 tazas de agua, hiérvelos sobre fuego medio-alto, tápalos, baja la flama y cocínalos alrededor de 2 minutos. Escúrrelos y enjuágalos con agua fría. Pásalos a un tazón y agrega el pepino, la cebolla, el cilantro, el jalapeño, el vinagre y la sal. Mézclalo, tápalo y refrigéralo entre 4 y 5 horas, o toda la noche.

Precalienta el horno a 190 °C.

Acomoda las tiras de tocino en una charola para hornear lo suficientemente grande para que estén en una sola capa y hornéalas alrededor de 20 minutos. Pica el tocino con los dientes de un tenedor varias veces durante el horneado para mantenerlo plano. Escurre el tocino sobre toallas de papel y, cuando se enfríe, córtalo en trozos del tamaño de papas con la ayuda de tijeras de cocina. Sirve el tocino con la salsa.

TAZONES DE LECHUGA QUE SOBRARON, CON ADEREZO
Rinde 1 porción

Tiempo de preparación: 2 minutos
Tiempo total: 2 minutos

- 1 taza de sobras de proteína de cualquier cena de la fase 2
- 1 tazón de lechuga
- Cualquier aderezo de la fase 2

Rellena el tazón de lechuga con las sobras y rocía con el aderezo de fase 2.

OSTIONES SOBRE PEPINOS
Rinde 1 porción

Tiempo de preparación: 2 minutos
Tiempo total: 2 minutos

- 1 lata de 90 gramos de ostiones ahumados en agua
- ½ taza de pepinos rebanados
- Jugo de lima fresco o cualquier aderezo de la fase 2 (opcional)

Acomoda los ostiones sobre las rebanadas de pepino. Adereza con el jugo de lima o cualquier aderezo de la fase 2 si lo utilizas. Sirve inmediatamente.

EDAMAME SALADO
Rinde 2 porciones

Tiempo de preparación: 2 minutos
Tiempo total: 5 minutos

- 1 taza de edamame en sus vainas
- Sal de mar y chile de árbol molido, al gusto

Cocina el edamame en sus vainas al vapor durante 3 minutos aproximadamente. Mientras todavía estén calientes, espolvorea la sal y el chile de árbol. Come de inmediato o cuando se enfríe.

Nota: Dado que contiene edamame (frijoles de soya), esta receta es sólo para veganos o para vegetarianos que no comen huevos.

CANAPÉS DE SARDINAS Y PEPINOS
Rinde 1 porción

Tiempo de preparación: 2 minutos
Tiempo total: 2 minutos

- 1 lata de 84 gramos de sardinas en agua, escurridas
- ⅛ de cucharadita de pimienta cayena
- 1 cucharadita de jugo de limón
- 1 pepino rebanado

En un tazón pequeño, mezcla las sardinas, la pimienta cayena y el jugo de limón con un cuchillo, separando el pescado mientras revuelves. Acomoda la mezcla de sardina encima de las rebanadas de pepino.

CECINA DE TOFU Y PIMIENTA
Rinde 8 porciones

▲ FASE 2

Tiempo de preparación: 5 minutos
Tiempo total: 20 horas

- 450 gramos de tofu firme o extra firme
- ½ taza de salsa tamari
- 3 cucharadas de humo líquido
- 1 cucharada de cebolla en polvo
- 1 cucharadita de ajo picado finamente
- 10 gotas de Stevia líquido
- 1 cucharada de pimienta negra

Corta el tofu a lo ancho en 12 rebanadas delgadas. Pon la salsa tamari, el humo líquido, la cebolla en polvo, el ajo picado finamente, el Stevia y la pimienta en una bolsa de plástico grande y añade 2 cucharadas de agua. Mueve la bolsa un poco para mezclar los ingredientes. Agrega las rebanadas de tofu, mueve la bolsa para cubrir el tofu, ciérrala bien y refrigérala por lo menos 12 horas.

Precalienta el horno a 75 °C.

Saca el tofu de la marinada, dejando que escurra cualquier exceso en la bolsa. Acomoda las rebanadas sobre una charola para hornear cubierta con papel de estraza y hornéalas alrededor de 7 horas, o hasta que estén muy secas o alcancen la textura deseada. También puedes usar un deshidratador. Sírvelas frías.

Nota: Dado que contiene tofu, esta receta es sólo para veganos o para vegetarianos que no comen huevos.

LICUADOS/BEBIDAS

ARNOLD PALMER
Rinde 1 porción

Tiempo de preparación: 2 minutos
Tiempo total: 5 minutos

- 1 bosa de té de menta
- 1 bolsa de té de manzanilla
- Jugo de ½ limón (2 cucharadas)
- ¼ de taza de xilitol

Remoja las bolsas de té en una taza grande con agua caliente. Vierte el té sobre un vaso con hielo y añade el jugo de limón y el xilitol. Revuelve para mezclar bien y sirve de inmediato.

LICUADO DE LIMA Y MENTA
Rinde 1 porción

Tiempo de preparación: 2 minutos
Tiempo total: 2 minutos

- 2 tazas de cubos de hielo
- ½ taza de gajos de lima pelados
- 1 hoja de menta fresca
- Xilitol, al gusto

Licua los ingredientes más ½ taza de agua hasta que el licuado sea homogéneo. Sirve inmediatamente.

LIMONADA CASERA
Rinde 3 a 6 porciones

▲ FASE 2

Tiempo de preparación: 2 minutos
Tiempo total: 2 minutos

- 1 taza de jugo de limón fresco
- ¾ de taza de xilitol
- Rebanadas de limón, para decorar, opcional

Mezcla el jugo de limón y el xilitol con 5 tazas de agua en una jarra y revuelve bien. Sirve sobre hielo y adorna con una rebanada de limón si lo deseas.

LICUADO PARA LIMPIAR EL COLON
Rinde 1 porción

▲ FASE 2

Tiempo de preparación: 5 minutos
Tiempo total: 5 minutos

- ½ taza de espinaca picada
- ½ taza de apio picado
- ¼ de cabeza de col
- 1 lima pelada
- 1 taza de cubos de hielo
- ½ taza de infusión de té de sen

Licua los ingredientes más 1 taza de agua hasta que el licuado sea homogéneo. Sirve de inmediato.

Tip: Es una buena idea picar tu col antes de licuarla si no estás utilizando una licuadora de alta velocidad.

Tip: A veces la proteína puede causar constipación; es muy importante asegurar que los intestinos se muevan.

LICUADO DESINTOXICANTE
Rinde 1 porción

▲ **FASE 2**

Tiempo de preparación: 2 minutos
Tiempo total: 2 minutos

- ½ taza de col rizada, sin nervadura y troceada
- ½ taza de pepino pelado, picado en cubos
- ½ cucharadita de perejil fresco, picado
- ½ cucharadita de jengibre picado finamente
- 1 taza de cubos de hielo
- 1 cucharada colmada de espirulina

Licua los ingredientes más 2 tazas de agua hasta que el licuado sea homogéneo. Sirve de inmediato.

Tip: Es muy bueno para el acné y para desintoxicar el hígado.

Tip: La espirulina es un alimento rico en proteína que puede encontrarse en tu tienda naturista local o en línea.

MOJITO DE TÉ HELADO
Rinde 1 porción

▲ **FASE 2**

Tiempo de preparación: 2 minutos
Tiempo total: 2 minutos

- 1 cucharada de jugo de lima fresco
- 1 hoja de menta fresca
- 1 cucharadita de xilitol
- 1 taza de té helado, como Smooth Move, sen o manzanilla

Mezcla todos los ingredientes y sirve sobre hielo.

SALSAS Y ADEREZOS

Una porción para todas las salsas y los aderezos consiste en 2 a 4 cucharadas.

ADEREZO DE PIMIENTO ROJO
Rinde 4 a 6 porciones

▲ **FASE 2**

Tiempo de preparación: 5 minutos
Tiempo total: 5 minutos

- 1 pimiento rojo, sin semillas, picado
- 1 cucharadita de cilantro fresco picado
- 1 cucharada de salsa tamari
- 1 cucharadita de sal de mar
- ½ cucharadita de arruruz en polvo
- ½ cucharadita de mostaza seca
- ½ cucharadita de pimienta negra

Licua los ingredientes con ½ taza de agua hasta que tenga una consistencia suave. Sirve sobre cualquier ensalada de la fase 2 o como salsa con cualquier verdura cruda de la fase 2.

Tip: Siéntete libre de usar mostaza preparada en esta receta, mientras no tenga azúcar ni ingredientes artificiales.

ADEREZO DE PEPERONCINO
Rinde 2 a 4 porciones

▲ FASE 2

Tiempo de preparación: 2 minutos
Tiempo total: 2 minutos

- ¼ de taza de peperoncino en jugo
- ¼ de taza de jugo de lima fresco
- 1 cucharada de chile de árbol molido
- 1 cucharada de cilantro fresco picado
- 5 gotas de Stevia

Licua los ingredientes con ½ taza de agua hasta que tenga una consistencia suave. Sirve sobre cualquier ensalada de la fase 2 o rocía encima de cualquier verdura de la fase 2.

Tip: Soy una gran fan del Stevia de sabores. Me gusta usar Stevia de naranja valenciana para esta receta. Puedes encontrarlo en tu tienda naturista local o en línea.

VINAGRETA DE LIMÓN
Rinde 2 a 4 porciones

▲ FASE 2

Tiempo de preparación: 2 minutos
Tiempo total: 2 minutos

- ¼ de taza de vinagre de coco
- 1 cucharadita de Stevia
- 1 cucharada de jugo de limón fresco

Pon todos los ingredientes en un procesador de alimentos o una licuadora, lícualos hasta que tengan una consistencia homogénea o bátelos en un tazón pequeño. Sirve sobre cualquier ensalada de la fase 2 o rocíala sobre cualquier verdura de la fase 2.

Tip: Suelo hacer estos aderezos sólo con batirlos en un tazón con un tenedor. ¡No necesitas la licuadora!

ADEREZO DE CHIPOTLE
Rinde 2 porciones aproximadamente

▲ **FASE 2**

Tiempo de preparación: 5 minutos
Tiempo total: 5 minutos

- 2 cucharadas de jugo de lima fresco
- 2 cucharadas de vinagre de coco
- 2 cucharaditas de ralladura de lima
- 1 cucharadita de mostaza seca
- 1 cucharadita de chile chipotle en polvo
- ¼ de cucharadita de comino molido
- ¼ de cucharadita de chile en polvo
- ¼ de cucharadita de orégano fresco o seco
- ⅛ de cucharadita de Stevia
- ⅛ de cucharadita de páprika

Licua los ingredientes hasta que tengan una consistencia suave. Sirve de inmediato. Agrega sobre cualquier ensalada, comida o verdura de la fase 2.

SALSA SUREÑA PICANTE
Rinde 2 porciones aproximadamente

▲ **FASE 2**

Tiempo de preparación: 2 minutos
Tiempo total: 2 minutos

- ⅓ de taza de vinagre de coco
- 2 cucharadas de jugo de limón fresco
- 4½ cucharaditas de xilitol
- 1 cucharada de comino molido
- 1 cucharada de ajo picado finamente
- 1 cucharada de salsa tamari
- 1½ cucharaditas de chile de árbol molido
- 1½ cucharaditas de pimienta negra
- 1 cucharadita de sal de mar
- ½ cucharadita de salsa Tabasco

Licua los ingredientes hasta que tengan una consistencia homogénea. Sirve sobre cualquier ensalada o comida de la fase 2, o como salsa con cualquier verdura cruda de la fase 2.

POSTRES

SORBETE DE LIMA

Rinde 2 porciones

▲ FASE 2

Tiempo de preparación: 2 minutos
Tiempo total: 2 minutos

- 1 taza de lechuga picada
- 1 lima pelada
- ½ taza de xilitol
- 4 tazas de cubos de hielo

Licua los ingredientes hasta que tengan una consistencia suave. Agrega tanta agua como sea necesario para adelgazar. Sirve de inmediato.

Tip: Dado que la lima y el limón son frutas de bajo contenido glucémico, estos postres pueden comerse en cualquier fase de la dieta, con cualquier comida, sin añadir un día más de ejercicio.

MERENGUE DE LIMÓN

Rinde 2 porciones (1 porción equivale a 2 merengues)

▲ FASE 2

Tiempo de preparación: 5 minutos
Tiempo total: 4 horas

- 4 claras de huevo grandes o ⅔ de taza de claras de huevo líquidas
- ½ taza de xilitol
- 2 cucharadas de ralladura de limón

Envuelve una charola para hornear con papel de estraza. En un tazón de vidrio, bate las claras de huevo hasta formar picos suaves. Gradualmente, añade el xilitol y la ralladura de limón, batiendo hasta que se formen picos firmes. Sirve 4 merengues sobre la charola para hornear, moldeándolos para que tengan forma. Resérvalos durante varias horas o hasta que los merengues se sequen y endurezcan. Disfruta de inmediato.

Tip: Estos deliciosos merengues contienen proteína, así que puedes comerlos como un refrigerio de la fase 2 o con cualquier comida de la fase 2 si agregas un día de ejercicio.

PALETAS DE LIMÓN Y LIMA
Rinde 1 porción

▲ FASE 2

Tiempo de preparación: 2 minutos
Tiempo total: 2 horas

- ¼ de taza de jugo de lima fresco
- ¼ de taza de xilitol
- Jugo de ½ limón (2 cucharadas)
- 1 hoja de menta fresca

En un tazón pequeño, bate todos los ingredientes. Pásalo a moldes para paletas o a pequeños vasitos de papel desechables. Guárdalos en el congelador hasta que se congelen. Antes de que el jugo se congele totalmente y mientras aún está grumoso, inserta palitos en el centro de cada paleta de hielo. Cuando estén listas para comerse, sácalas del molde o rompe el papel, y disfruta.

Tip: Puedes congelarlas en moldes o simplemente en vasitos de papel desechable con un palito. Cuando estés listo para comerlas, sólo rompe el vasito y disfruta.

Tip: Dado que la lima y el limón son frutas de bajo contenido glucémico, estos postres pueden comerse en cualquier fase de la dieta, con cualquier comida, sin tener que añadir un día más de ejercicio.

LISTA DE ALIMENTOS DE LA FASE 2

Para modificar cualquiera de estas recetas en esta fase de la dieta, o para preparar tus recetas, puedes usar cualquiera de los alimentos de la siguiente lista de alimentos de la fase 2.

VERDURAS Y HOJAS VERDES (FRESCAS, ENLATADAS O CONGELADAS)

Apio

Arruruz

Arúgula

Berros

Cardo suizo

Cebollas: *morada, blanca, dulce y amarilla*

Cebollitas de cambray

Chalotes

Champiñones

Chiles verdes, jalapeños

Col berza

Col rizada

Col: *todas las clases*

Ejotes, ejotes franceses

Endivia

Ensalada de hojas verdes

Espirulina

Floretes de brócoli

Frijoles: *peruanos*

Hinojo

Hojas de mostaza

Jícama

Lechuga (cualquiera menos iceberg)

Pepinos: *cualquier clase*

Pimientos: *morrones, peperoncino*

Poros

Rábanos

Ruibarbo

FRUTAS (FRESCAS O CONGELADAS)

Limas

Limones

PROTEÍNA ANIMAL

Animales de caza: *venado, avestruz, alce*

Atún, fresco o en agua

Bacalao/filete

Carne de búfalo

Cecina, libre de nitratos: *res, búfalo, pavo, alce, avestruz*

Cerdo: *lomo, horneado*

Cordero, cortes magros, molido

Embutidos, libres de nitratos: *rosbif, pollo, pavo*

Filete de gallo marino

Filete de lenguado

Filete de merluza

Huevos, sólo las claras

Ostiones, en agua

Pavo: *filetes de pechuga, magra molida*

Pollo: *carne blanca sin hueso, sin piel*

Res en conserva

Res, todos los cortes magros: *filete, lomo, falda, pierna, filete con hueso, carne para estofado, magra molida*

Salmón: *ahumado, libre de nitratos*

Sardinas, en agua

Tocino de pavo: *libre de nitratos*

PROTEÍNA VEGETAL

Nada para esta fase

CALDOS, HIERBAS, ESPECIAS, CONDIMENTOS Y SUPLEMENTOS

Ajo, fresco, en polvo
Caldos: *res, pollo, verduras**
Endulzantes: *Stevia, xilitol*
Extracto de vainilla o menta
Hierbas frescas: *todas las clases*
Hierbas secas: *todas las clases*
Jengibre, fresco
Levadura de cerveza: fresca y suplemento
Mostaza, preparada, seca
Pepinillos, sin azúcares añadidos

Rábano picante, preparado
Salsa Tabasco
Sazonadores naturales: *aminoácidos líquidos Bragg, aminoácidos de coco, salsa tamari*
Sazonadores: *pimientas negra y blanca, pimienta cayena, chile en polvo, pasta de chile, chile chipotle, canela, chile de árbol molido,*
comino, curry en polvo, pimienta con limón, humo líquido, nuez moscada, cebolla en polvo, cebolla con sal, páprika, polvo de cacao crudo, sal de mar
Tés herbales sin cafeína o Pero
Vinagre, cualquier clase (excepto de arroz)

GRANOS Y ALMIDONES

Ninguno para esta fase

GRASAS SALUDABLES

Ninguna para esta fase

* Nota: Todos los caldos, si es posible, deben estar libres de aditivos y conservadores.

DURAZNOS CON CANELA
SOBRE PAN TOSTADO
FASE 1 ✓ p. 44

ENSALADA DE ESPINACAS
CON CERDO SOASADO
Y CALABACITAS
FASE 1 ✓ p. 52

SOPA DE ZANAHORIA,
NARANJA Y JENGIBRE
FASE 1 ✓ p. 63

TAZÓN DE SALCHICHA
DE POLLO
FASE 1 ✓ p. 66

ENSALADA DE PEPINO Y MANDARINA
FASE 1 ✓ p. 81

SORBETES
FASE 1 ✓ p. 92

CLARAS COCIDAS, RELLENAS
DE VERDURAS PICADAS FINAMENTE
FASE 2 ✓ p. 100

SALMÓN AHUMADO Y PEPINO
FASE 2 ✓ p. 97

FRITURAS DE TOCINO DE PAVO
Y SALSA VERANIEGA
FASE 2 ✓ p. 139

ENSALADA CALIENTE
DE ESPÁRRAGOS Y TOCINO
FASE 2 ✓ p. 118

ALBÓNDIGAS
DE LA HUERTA
FASE 2 ✓ p. 138

LOMO DE CERDO AL ROMERO Y VERDURAS
DE HOJA VERDE CON PIMIENTA
FASE 2 ✓ p. 125

MOJITO DE TÉ HELADO
FASE 2 ✓ p. 145

ENSALADA DE FILETE NUEVA
YORK Y BRÓCOLI
FASE 2 ✓ p. 129

PANQUEQUES DE AVENA, ALMENDRA
Y FRUTOS DEL BOSQUE
FASE 3 ✓ p. 158

ENSALADA DE CANGREJO
FASE 3 ✓ p. 166

CAMARONES AL JENGIBRE
CON VERDURAS SALTEADAS
FASE 3 ✓ p. 186

TAZÓN CON CHILI DE FAJITAS
DE POLLO
FASE 3 ✓ p. 184

GALLINETAS RELLENAS
DE CHAMPIÑONES Y QUINOA
FASE 3 ✓ p. 189

GALLETAS DE CACAO
FASE 3 ✓ p. 209

Fase 3

DESAYUNO

CEREAL CALIENTE DE ANACARDO Y QUINOA
Rinde 1 porción

▸ FASE 3

Tiempo de preparación: 5 minutos
Tiempo total: 5 minutos

- ½ taza de quinoa caliente cocida
- ¼ de taza de anacardos
- 1 taza de zarzamoras
- Canela molida, al gusto
- Stevia, al gusto

En un tazón pequeño, mezcla todos los ingredientes. Sirve caliente con espinacas salteadas o cualquier otra verdura de la fase 3.

AGUACATE Y JITOMATE SOBRE PAN TOSTADO
Rinde 1 porción

▸ FASE 3

Tiempo de preparación: 2 minutos
Tiempo total: 2 minutos

- ½ aguacate
- 1 rebanada de pan de granos germinados tostado
- 2 cucharadas de cebolla picada en cubos
- 110 gramos de tocino de pavo cocido
- 3 rebanadas de jitomate
- Sal de mar, al gusto
- 1 toronja

Unta el aguacate sobre el pan tostado y pon encima la cebolla, el jitomate y el tocino de pavo. Espolvorea sal al gusto. Sirve con la toronja.

PAN TOSTADO CON FRIJOLES NEGROS Y JITOMATE
Rinde 1 porción

Tiempo de preparación: 10 minutos
Tiempo total: 10 minutos

- ½ lata de 420 gramos de frijoles negros
- 3 cucharadas de aceite de oliva
- ¼ de taza de cebolla amarilla picada finamente
- ½ cucharadita de comino molido
- ½ cucharadita de chile en polvo
- 1 rebanada de pan de granos germinados tostado
- 1 jitomate rebanado*
- 1 pizca de sal de mar

Cuela la mitad del líquido de los frijoles negros. Calienta una sartén antiadherente sobre fuego medio y, cuando ya esté caliente, vierte el aceite de oliva y cocina la cebolla alrededor de 5 minutos o hasta que se dore ligeramente. Baja la flama a fuego lento y agrega los frijoles negros, el resto del líquido, el comino y el chile en polvo, y revuelve hasta que se calienten. Esparce la mezcla de frijoles sobre el pan y pon encima las rebanadas de jitomate. Sazona con la sal y come de inmediato.

* En esta receta el jitomate puede contar como tu fruta de la fase 3.

OMELETTE DE ESPINACAS Y CHAMPIÑONES
Rinde 1 porción

▸ FASE 3

Tiempo de preparación: 5 minutos
Tiempo total: 10 minutos

- ½ cucharadita de aceite de semilla de uva
- ½ cucharadita de aminoácidos de coco
- ¼ de taza de cebolla amarilla picada en cubos
- ¼ de taza de champiñones rebanados
- 1 taza de espinacas picadas
- 1 huevo grande
- 2 claras de huevo grandes o ⅓ de taza de claras de huevo líquidas
- 1 cucharada de leche de almendras
- Sal de mar y pimienta negra, al gusto
- 1 toronja
- 1 rebanada de pan de granos germinados tostado

Calienta una sartén antiadherente a fuego medio y, cuando ya esté caliente, vierte el aceite de semilla de uva y cocina los aminoácidos de coco, la cebolla y los champiñones alrededor de 5 minutos o hasta que la cebolla esté ligeramente dorada y los champiñones empiecen a suavizarse. Añade las espinacas y revuelve bien. En un tazón pequeño, bate el huevo, las claras y la leche de almendras con una pizca de sal y pimienta. Vierte la mezcla de huevo sobre las verduras y cocínalas entre 2 y 3 minutos, hasta que los huevos se asienten. Sirve con la toronja y una rebanada de pan tostado de granos germinados.

Tip: Si prefieres sólo claras de huevo, asegúrate de agregar alguna grasa saludable adicional, como aguacate picado en cubos, a esta reseña para desatar la quema.

SÁNDWICH CALIENTE DE JITOMATE Y ATÚN
Rinde 1 porción

Tiempo de preparación: 5 minutos
Tiempo total: 5 minutos

- 1 lata de 80 o 100 gramos de atún en agua, escurrido
- 2 cucharadas de mayonesa de cártamo
- 1 pizca de cilantro fresco picado
- 1 rebanada de pan de granos germinados tostado
- 1 rebanada de queso cheddar vegano
- ¼ de taza de jitomate picado en cubos o rebanado
- 1 taza de duraznos, ciruelas o tunas picadas

En un tazón pequeño, mezcla el atún, la mayonesa y el cilantro. Esparce la mezcla de atún sobre el pan tostado y pon encima el queso y los jitomates. Tuéstalo en un horno eléctrico hasta que el queso se suavice y sirve con 1 taza de fruta al lado.

Tip: En esta receta, el queso de almendra cuenta como tu porción de proteína.

PANQUEQUES DE AVENA, ALMENDRA Y FRUTOS DEL BOSQUE
Rinde 2 porciones (1 porción equivale a 2 panqueques)

▸ **FASE 3**

Tiempo de preparación: 5 minutos
Tiempo total: 10 minutos

- ¾ de taza de leche de almendras
- ½ taza de harina de almendras
- ½ taza de avena arrollada o tradicional
- 1 cucharada de xilitol
- 2 cucharadas de aceite de oliva
- 1 cucharadita de extracto de vainilla
- 1 cucharadita de polvo de hornear
- ½ cucharadita de bicarbonato
- ½ cucharadita de sal de mar
- 1 huevo grande
- 2 tazas de moras azules

Pon todos los ingredientes excepto las moras azules en una licuadora y bátelos hasta que se forme una mezcla homogénea. Calienta una sartén o una plancha ligeramente engrasada y vierte aproximadamente ½ taza de masa para cada uno de los 4 panqueques. Cocina alrededor de un minuto de cada lado hasta que se doren ligeramente. Sirve 2 panqueques con 1 taza de moras azules encima o al lado y cualquier verdura de la fase 3.

BURRITO PARA DESAYUNAR
Rinde 1 porción

Tiempo de preparación: 5 minutos
Tiempo total: 15 minutos

- 80 gramos de carne de pavo molida
- 2 cucharadas de cebolla picada
- 2 cucharadas de pimiento rojo picado
- 1 cucharadita de ajo finamente picado
- ½ cucharadita de comino molido
- ½ cucharadita de páprika
- 1 huevo grande
- 1 tortilla de granos germinados
- ½ aguacate rebanado
- ¼ de taza de salsa
- 1 taza de tunas picadas en cubos

Calienta una sartén antiadherente a fuego medio y, cuando ya esté caliente, saltea el pavo, la cebolla y el pimiento alrededor de 5 minutos o hasta que esté bien dorado. Agrega el ajo, el comino y la páprika, y revuelve bien. Quítalo del fuego.

En un tazón pequeño, bate el huevo. Escoge otra sartén antiadherente que sea del tamaño adecuado para cubrirla con una capa delgada de huevo y caliéntala a fuego medio. Vierte el huevo y cocínalo sin tocarlo entre 2 y 3 minutos o hasta que esté listo. Desliza el huevo sobre una tortilla caliente y pon encima la mezcla de pavo, aguacate, salsa y tunas. Enróllala y disfruta.

TAPIOCA DE DURAZNO Y COCO
Rinde 2 porciones

▸ FASE 3

Tiempo de preparación: 2 minutos
Tiempo total: 10 minutos

- ½ taza de perlas de tapioca pequeñas
- 2 tazas de duraznos picados en cubos
- 1 ½ tazas de leche de coco
- ¼ de cucharadita de sal de mar
- ½ taza de xilitol
- 2 huevos grandes
- ½ cucharadita de extracto de vainilla
- ¼ de taza de coco rallado
- Cualquier verdura de la fase 3

Mezcla la tapioca, 1 taza de duraznos, la leche de coco, la sal y 1½ tazas de agua en una sartén y hiérvelos a fuego alto. Baja la flama y cocínalos a fuego lento, destapados, moviendo constantemente, durante 5 minutos. Gradualmente agrega el xilitol y quita la sartén del fuego.

En un tazón pequeño, bate los huevos, la vainilla y el coco rallado. Agrega 1 cucharada de la tapioca caliente para igualar la temperatura entre las dos mezclas y luego agrega la mezcla de huevo a la tapioca. Sirve caliente o refrigérala y sirve fría con la taza de duraznos restante al lado.

Sirve con cualquier verdura de la fase 3.

AVENA CON FRAMBUESAS
Rinde 1 porción

▸ **FASE 3**

Tiempo de preparación: 5 minutos
Tiempo total: 5 minutos

- 1 taza de espinacas baby picadas
- ⅓ de taza de avena arrollada o tradicional
- 1 pizca de sal de mar
- 1 taza de frambuesas congeladas
- Stevia, al gusto
- ¼ de taza de semillas de girasol

Hierve 1 taza de agua en una olla, agrega la espinaca, la avena y la sal, y cocina alrededor de 5 minutos o hasta que esté lista. Agrega las frambuesas y revuelve hasta que estén un poco calientes y empiecen a suavizarse. Añade el Stevia al gusto y sirve la avena en un tazón. Decora con semillas de girasol y disfruta.

HUEVO FRITO CON ESPINACAS
Rinde 1 porción

▸ **FASE 3**

Tiempo de preparación: 5 minutos
Tiempo total: 10 minutos

- 1 cucharada de aceite de semilla de uva
- 1 huevo grande
- 1 clara de huevo grande
- 1 rebanada de pan de granos germinados tostado
- 1 taza de espinacas picadas
- Sal de mar, al gusto
- 1 toronja

Calienta el aceite de semilla de uva en una sartén a fuego medio y, cuando ya esté caliente, cocina el huevo y la clara entre 1 y 2 minutos o hasta que esté listo, volteando una vez. Saca el huevo de la sartén y acomódalo encima de una rebanada de pan. Pon las espinacas en la sartén para calentarlas, moviendo varias veces. Añade sal al gusto y sirve las espinacas con el pan tostado y el huevo. Sirve con la toronja.

PANQUEQUES DE ALMENDRA Y FRUTOS DEL BOSQUE
Rinde 4 porciones (1 porción equivale a 2 panqueques)

> **FASE 3**

Tiempo de preparación: 5 minutos
Tiempo total: 10 minutos

- 1 taza de harina de almendras
- 2 cucharaditas de polvo de hornear
- 1 cucharadita de canela molida
- 1 huevo grande, licuado
- 1 taza de leche de almendras
- 2 cucharadas de aceite de semilla de uva
- 1 cucharadita de extracto de vainilla
- ¼ de cucharadita de Stevia
- 4 tazas de zarzamoras, moras azules o frambuesas
- Cualquier verdura de la fase 3

En un tazón grande, mezcla la harina, el polvo de hornear y la canela. En un tazón aparte, mezcla el huevo, la leche de almendras, el aceite, la vainilla y la Stevia. Agrégalo a la mezcla de ingredientes secos y mézclalo muy bien. Calienta una plancha o una sartén engrasada ligeramente y vierte más o menos ¼ de taza de masa para cada panqueque. Cocina entre 1 y 2 minutos de cada lado, hasta que se doren ligeramente. Sigue cocinando los panqueques hasta que sean 8. Pon 1 taza de moras encima de 2 panqueques y sirve con cualquier verdura de la fase 3.

BAGEL DE GRANOS GERMINADOS CON SALMÓN AHUMADO
Rinde 1 porción

▸ FASE 3

Tiempo de preparación: 2 minutos
Tiempo total: 2 minutos

- ½ bagel de granos germinados
- 2 cucharadas de mayonesa de cártamo
- 170 gramos de salmón ahumado (libre de nitratos, sin azúcares añadidos), rebanado
- 1 manojo grande de espinacas
- 1 rebanada de jitomate gruesa
- ½ taza de pepino rebanado
- Cualquier fruta de la fase 3

Tuesta el bagel. Úntalo con la mayonesa de cártamo. Pon las rebanadas de salmón, las espinacas y la rebanada de jitomate sobre el bagel y sirve con el pepino rebanado y una fruta de la fase 3.

HUEVOS BENEDICTINOS DESLACTOSADOS
Rinde 4 porciones

▸ **FASE 3**

Tiempo de preparación: 30 minutos
Tiempo total: 45 minutos

Para la salsa holandesa
- 2 yemas de huevo medianas
- 1 cucharada de jugo de limón fresco
- 3 cucharadas de aceite de coco, calentado a 35 °C aproximadamente
- ½ cucharadita de sal de mar
- ⅛ de cucharadita de páprika

Para los huevos benedictinos
- 2 panecillos de granos germinados rebanados a la mitad y tostados
- 4 tazas de espinacas baby, hervidas
- 4 rebanadas de tocino de pavo libre de nitratos, cocidas
- 4 huevos pochados
- 4 tazas de zarzamoras y moras azules

Para preparar la salsa holandesa: Llena una licuadora con agua hirviendo, tápala y déjala reposar durante 10 minutos para calentar la jarra. Tira el agua y seca la jarra de la licuadora perfectamente. Licua las yemas de huevo y el jugo de limón a velocidad baja. Lentamente vierte el aceite de coco caliente a través de la abertura, con la licuadora encendida a velocidad baja. Sazona con la sal y la páprika.

Para preparar los huevos benedictinos: Coloca cantidades iguales de espinacas sobre las mitades de los panecillos, tocino y un huevo pochado. Vierte encima la salsa holandesa y sirve de inmediato con 1 taza de moras por cada porción.

Tip: Esta receta es definitivamente maravillosa para una ocasión especial. Nadie creería que esta receta entra en una "dieta".

Tip: La salsa puede prepararse con anticipación y conservarse en refrigeración; recaliéntala despacio a fuego bajo, moviendo constantemente. Esta salsa también es muy buena para sumergir verduras.

COMIDA

ENSALADA DE ALCACHOFAS CON AGUACATE Y CORAZONES DE PALMITO
Rinde 1 porción

▸ **FASE 3**

Tiempo de preparación: 5 minutos
Tiempo total: 5 minutos

- ½ aguacate picado en cubos
- ¼ de lata de 390 gramos de corazones de palmito, escurridos y picados en cubos
- 1 lata de 180 gramos de corazones de alcachofas, escurridos y cortados en cuartos
- 1 taza de jitomate picado en cubos*
- ¼ de taza de cebolla morada picada en cubos
- 2 cucharadas de vinagre de coco
- ½ cucharadita de Stevia
- ½ cucharadita de cilantro fresco picado
- ¼ de cucharadita de sal de mar
- ⅛ de cucharadita de pimienta negra
- 2 tazas de arúgula
- 110 gramos de jamón de pavo rebanado en tiras

Pon todos los ingredientes excepto la arúgula en un tazón y mézclalos. Sirve sobre una cama de arúgula.

* En esta receta, el jitomate puede contar como tu fruta de la fase 3.

ENSALADA DE CANGREJO
Rinde 1 porción

▸ **FASE 3**

Tiempo de preparación: 5 minutos
Tiempo total: 5 minutos

- 2 latas de 80 a 100 gramos de carne de cangrejo
- ½ taza de pimiento rojo picado en cubos
- ½ taza de col morada troceada
- ¼ de taza de cebolla morada picada en cubos
- Jugo de ½ limón (2 cucharaditas)
- 3 cucharadas de mayonesa de cártamo
- Chile de árbol molido, al gusto
- 2 tazas de espinacas u otra hoja verde de la fase 3
- 1 taza de duraznos, ciruelas u otra fruta de la fase 3, picados

En un tazón mediano, mezcla la carne de cangrejo, el pimiento rojo, la col, la cebolla y el jugo de limón. Añade la mayonesa y mezcla bien. Adereza con el chile de árbol al gusto. Sirve sobre una cama de espinacas u otra hoja verde, con la mezcla de fruta revuelta o al lado.

ENVUELTO DE LECHUGA CON AGUACATE Y PAVO
Rinde 1 porción

Tiempo de preparación: 3 minutos
Tiempo total: 10 minutos

- 110 gramos de carne de pavo molida
- ½ taza de camote amarillo picado en cubos
- 1 cucharadita de perejil fresco picado
- 1 pizca de sal de mar
- ⅛ de cucharadita de pimienta negra
- 6 hojas de lechuga romana
- ½ aguacate picado en cubos
- ½ taza de salsa
- 1 taza de cualquier fruta de la fase 3

Calienta una sartén a fuego medio y, cuando ya esté caliente, cocina el pavo, el camote amarillo, el perejil, la sal y la pimienta, entre 5 y 8 minutos, o hasta que el pavo esté dorado y el camote esté suave. Pon la mezcla de pavo en las hojas de lechuga, encima el aguacate y la salsa, y dobla las hojas de lechuga sobre el relleno. Sirve con la fruta al lado.

ENSALADA DE SALMÓN
Rinde 1 porción

▸ **FASE 3**

Tiempo de preparación: 5 minutos
Tiempo total: 5 minutos

- 1 lata de 80 gramos de salmón, escurrido y deshebrado
- 1 taza de jitomates cherry picados en cubos*
- ½ taza de pimiento morrón picado en cubos
- ¼ de cebolla morada picada en cubos
- ¼ de taza de mayonesa de cártamo
- Jugo de ½ limón (2 cucharadas)
- ½ cucharadita de eneldo fresco

Pon todos los ingredientes en un tazón para servir pequeño y mezcla bien.

Tip: Recuerda, dado que las verduras son ilimitadas, no dudes en servir esto sobre una ensalada de hojas verdes o en una taza de endivia, o en la mitad de un pimiento morrón.

* En esta receta, el jitomate cuenta como tu fruta de la fase 3.

POLLO AL CURRY EN COCCIÓN LENTA
Rinde 4 porciones

Tiempo de preparación: 10 minutos
Tiempo total: 3 a 8 horas (olla de cocción lenta)

- 450 gramos de pechugas de pollo, sin hueso, sin piel, cortadas en trozos de 2.5 centímetros
- 2 tazas de pimiento rojo o amarillo rebanado
- ½ taza de cebollitas de cambray picadas, con tallo
- 3 dientes de ajo picados
- 2 cucharaditas de aceite de coco
- 2 cucharadita de curry en polvo
- 1 cucharadita de jengibre picado finamente
- 1 cucharadita de perejil fresco, picado
- ½ cucharadita de sal de mar
- ½ taza de leche de coco
- ½ taza de caldo de pollo orgánico
- ½ taza de coco rallado
- ½ cucharadita de Stevia
- ⅛ de cucharadita de cúrcuma
- 4 tazas de cualquier fruta de la fase 3

Pon todos los ingredientes excepto la fruta en una olla de cocción lenta o una olla eléctrica, revuelve y cocina entre 3 y 4 horas en alto, o entre 7 y 8 horas en bajo. Sirve con 1 taza de fruta de la fase 3.

POLLO AL COCO CON CALABAZA MANTEQUILLA
Rinde 4 porciones

▸ **FASE 3**

Tiempo de preparación: 5 minutos
Tiempo total: 3 a 8 horas (olla de cocción lenta)

- 450 gramos de pechugas de pollo enteras, sin hueso, sin piel
- 1 taza de calabaza mantequilla cortada en cubos de 2.5 centímetros
- 1 taza de leche de coco de lata, sin azúcar
- 3 camotes amarillos, pelados y rebanados
- ¼ de taza de aceite de oliva
- 2 cucharadas de canela
- Cualquier fruta de la fase 3

Pon todos los ingredientes excepto la fruta en una olla de cocción lenta o una olla eléctrica, y cocínalos entre 3 y 4 horas en alto, o entre 7 y 8 horas en bajo. Sirve con la fruta.

ENSALADA DE CAMARÓN Y AGUACATE
Rinde 1 porción

▸ FASE 3

Tiempo de preparación: 5 minutos
Tiempo total: 5 minutos

- ½ lata de 390 gramos de corazones de palmito escurridos y picados en cubos
- ½ aguacate picado en cubos
- ¾ de taza de camarones cocidos
- ¼ de taza de cebolla morada picada en cubos
- ½ cucharadita de cilantro fresco picado
- 2 cucharadas de vinagre de coco
- ½ cucharadita de Stevia
- ¼ de cucharadita de sal de mar
- ⅛ de cucharadita de pimienta negra
- 1 taza de arúgula
- 1 taza de zarzamoras, moras azules, frambuesas u otra fruta de la fase 3

En un tazón mediano, mezcla los corazones de palmito, el aguacate, los camarones, la cebolla y el cilantro. Rocía con el vinagre y sazona con el Stevia, la sal y la pimienta. Revuelve con cuidado para mezclar bien y sirve sobre una cama de arúgula, con la mezcla de fruta incorporada o al lado.

ENVUELTO DE LECHUGA RELLENA DE FAJITAS DE RES Y AGUACATE
Rinde 4 porciones

▸**FASE 3**

Tiempo de preparación: 15 minutos
Tiempo total: 25 minutos

- 2 cucharadas de aceite de oliva
- 450 gramos de falda de res rebanada en tiras de 1 centímetro
- 1 pimiento rojo sin semillas y cortado en julianas
- 1 pimiento amarillo, sin semillas y cortado en julianas
- 1 cebolla dulce, en rebanadas delgadas
- 1 taza de champiñones rebanados
- 4 dientes de ajo picados finamente
- 1 cucharadita de chile chipotle picado
- 1 cucharadita de cilantro fresco picado
- 1 cucharadita de chile de árbol molido
- 3 cucharadas de jugo de lima
- 1 cabeza de lechuga; quita las hojas grandes para 4 tazones
- 2 tazas de jitomates picados en cubos*
- 1 aguacate picado en cubos
- ½ porción adicional de cualquier fruta de la fase 3

Calienta una sartén a fuego medio y, cuando esté caliente, vierte el aceite de oliva y asa la carne, moviendo constantemente, alrededor de 5 minutos o hasta que se dore ligeramente. Agrega los pimientos, la cebolla, los champiñones, el ajo, el chile chipotle, el cilantro, el chile de árbol y el jugo de lima. Cocina, moviendo de manera constante, 5 minutos más o hasta que las verduras estén suaves y la carne esté cocida al término deseado. Sirve la mezcla de carne sobre los tazones de lechuga. Pon encima cantidades iguales de jitomate picado y de aguacate. Sirve con media porción adicional de fruta de la fase 3.

* En esta receta, el jitomate cuenta como tu fruta de la fase 3.

ENSALADA DE JENGIBRE Y LENTEJAS
Rinde 4 porciones

Tiempo de preparación: 5 minutos
Tiempo total: 5 minutos

- 2 tazas de lentejas cocidas
- 1 taza de pepino picado en cubos
- 1 taza de col morada troceada
- ½ taza de apio picado en cubo
- ½ taza de cebolla morada picada finamente
- 3 cucharadas de aceite de semilla de uva
- 2 cucharadas de vinagre de coco
- 1 cucharada de jengibre picado finamente
- 1 cucharada de salsa tamari
- 4½ cucharaditas de jugo de limón
- ⅛ de cucharadita de Stevia
- ⅛ de cucharadita de cúrcuma
- 1 pizca de curry en polvo
- ½ taza de semillas de girasol crudas
- 4 tazas de duraznos, ciruelas, tunas u otra fruta de la fase 3, picada en cubos

En un tazón mediano, mezcla todos los ingredientes excepto las semillas de girasol y la fruta. Revuelve bien, espolvorea las semillas de girasol encima y sirve con 1 taza de fruta al lado, por cada porción.

CREMA DE PORO Y COLIFLOR
Rinde 6 porciones

▸ FASE 3

Tiempo de preparación: 15 minutos
Tiempo total: 45 minutos

- 2 tazas de coliflor picada
- 1 taza de poros picados
- 1 taza de calabacitas amarillas picadas
- 5 dientes de ajo picados finamente
- ½ taza de col rizada picada (sin nervadura)
- 2 latas de 420 gramos de garbanzos
- 1 cucharada de aceite de oliva
- 2 cucharadas de salsa tamari
- ½ cucharadita de salvia fresca o seca
- ½ cucharadita de perejil fresco, picado
- ½ cucharadita de albahaca fresca, picada
- ½ cucharadita de sal de mar
- 1 pizca de tomillo fresco, picado
- 1 pizca de hojas de romero frescas, picadas
- 1 taza de leche de coco
- 1 cucharada colmada de tahini
- 6 frutas de la fase 3

Pon todos los ingredientes excepto el tahini y la fruta en una olla grande. Añade 4 tazas de agua y hiérvelo sobre fuego alto. Baja la flama y déjalo hervir a fuego lento 20 minutos aproximadamente o hasta que las verduras estén suaves. Quítalo del fuego y agrega el tahini. Permite que la sopa se enfríe y luego hazla puré hasta que tenga una consistencia homogénea. Es posible que debas hacerlo en raciones. Sírvela fría o recalentada, con 1 fruta de la fase 3.

SOPA DE ESPÁRRAGOS Y CAMOTE AMARILLO
Rinde 6 porciones

▸ FASE 3

Tiempo de preparación: 10 minutos
Tiempo total: 45 minutos

▸ FASE 3

- 2 cucharadas de aceite de ajonjolí
- 6 tazas de tallos de espárragos picados en cubos
- 2 tazas de cebolla picada en cubos
- 2 tazas de apio picado en cubos
- 4 tazas de caldo de verduras orgánico
- 2 latas de 420 gramos de frijoles blancos, o cannellini, escurridos
- 1 taza de camotes amarillos cocidos, picados en cubos
- 5 cucharadas de perejil fresco, picado
- 2 cucharaditas de sal de mar
- ⅓ de taza de semillas de cáñamo
- 6 tazas de cualquier fruta de la fase 3

Calienta el aceite en una sartén honda de fondo grueso, a fuego medio, y cuando ya esté caliente, cocina los espárragos, la cebolla y el apio, moviendo de manera constante, durante 5 minutos, hasta que se doren ligeramente. Agrega el caldo, los frijoles, el camote, el perejil y la sal. Hiérvelo, baja la flama y cocínalo a fuego medio alrededor de 30 minutos, hasta que los camotes estén suaves. Espolvorea una cucharada de semillas de cáñamo sobre cada porción y sirve con 1 taza de fruta de la fase 3.

ENVUELTO DE LECHUGA CON POLLO Y HUMUS DE CAMOTE AMARILLO
Rinde 4 porciones

▸ **FASE 3**

> Tiempo de preparación: 5 minutos
> Tiempo total: 30 minutos

- 450 gramos de camotes amarillos, pelados y cortados en trozos de 2.5 centímetros
- 1 lata de 420 gramos de garbanzos, escurridos y enjuagados
- ¼ de taza de jugo de limón fresco
- ¼ de taza de tahini crudo
- 2 cucharadas de aceite de oliva
- 2 cucharaditas de comino molido
- 1 diente de ajo
- Sal de mar y pimienta negra, al gusto
- 1 cabeza de lechuga romana; quita las hojas grandes para tazones
- 450 gramos de pechugas de pollo, sin hueso, sin piel, cocidas y desmenuzadas
- 4 tazas de jitomates picados

Llena el fondo de una vaporera con agua. Pon los camotes en la parte más alta de la vaporera, déjala hervir, baja la flama a fuego lento y tapa la vaporera ligeramente. Cocina los camotes alrededor de 20 minutos o hasta que estén suaves. Licua los camotes, los garbanzos, el jugo de limón, el tahini, el aceite de oliva, el comino, el ajo, la sal, la pimienta y 1½ tazas de agua, y hazlos puré alrededor de 1 minuto, hasta que la consistencia sea homogénea. Agrega más agua si está demasiado espeso para untar.

Pon los tazones de lechuga en un plato. Reparte aproximadamente ⅓ de taza de humus sobre cada hoja y acomoda encima pollo y jitomate. Enrolla cada hoja de lechuga con el relleno adentro.

Tip: Siempre intento que mi pollo sea orgánico o por lo menos natural porque los estrógenos sintéticos que hay en las aves no etiquetadas como "naturales" u "orgánicas" se relacionan con el aumento de peso y otros problemas.

Tip: Para regresar al debate acerca de si el jitomate es una fruta o una verdura, siéntete libre de utilizar los jitomates como tu fruta en esta receta.

CREMA DE ESPÁRRAGOS
Rinde 4 porciones

Tiempo de preparación: 20 minutos
Tiempo total: 40 minutos

- 4 tazas de caldo de pollo o de verduras orgánico
- 1 cebolla blanca o amarilla mediana, picada
- 2 dientes de ajo picados finamente
- 2 cucharaditas de sal de mar
- 1 cucharadita de pimienta negra
- ¼ de cucharadita de jengibre molido
- 5 tazas de espárragos picados
- 1 lata de 380 gramos de leche de coco
- 170 gramos de jamón libre de nitratos (pavo, pollo o rosbif)
- 4 frutas de la fase 3

En una olla grande, hierve el caldo sobre fuego alto. Agrega la cebolla, el ajo, la sal, la pimienta y el jengibre, baja la flama y déjalo hervir a fuego lento durante 15 minutos, moviendo ocasionalmente. Una vez que la cebolla se transparente, agrega los espárragos; tomarán un color verde brillante en segundos, y 45 segundos después de añadirlos (pon una alarma si puedes), quita la olla del fuego. En una licuadora, haz puré la sopa en raciones, hasta que su consistencia sea homogénea. Devuelve la sopa a la olla, agrega la leche de coco y cocínala hasta que se incorpore completamente. Agrega sal al gusto. Sirve caliente o fría, con el jamón y una fruta de la fase 3.

ESTOFADO ESTILO SUREÑO
Rinde 10 porciones

▶ **FASE 3**

Tiempo de preparación: 10 minutos
Tiempo total: 3 a 8 horas (olla de cocción lenta)

- 1 rosbif magro, 1⅛ kilos aproximadamente
- 3 tazas de pimientos morrones, sin semillas, picados en cubos
- 3 latas de 110 gramos de chiles verdes suaves
- 3 tazas de champiñones rebanados
- ¼ de taza de cebolla morada rebanada
- 1 cucharada de chile de árbol molido
- 1 cucharada de sal de mar
- 950 mililitros de caldo de res orgánico

Pon todos los ingredientes en una olla de cocción lenta o una olla eléctrica, y cocínalos entre 3 y 4 horas en alto, o entre 7 y 8 horas en bajo.

Tip: Es fabuloso para deshebrarlo y ponerlo sobre una cama de lechuga para la comida del día siguiente, con aderezo de chipotle y jugo de lima.

POLLO CON ANACARDO AL HORNO
Rinde 4 porciones

▸ **FASE 3**

Tiempo de preparación: 5 minutos
Tiempo total: 45 minutos

- 450 gramos de pechugas de pollo sin hueso, sin piel
- ½ taza de anacardos molidos
- 2 cucharadas de cebolla morada picada en cubos
- 1 cucharada de aceite de coco
- 1 cucharada de mantequilla de anacardo
- 1 cucharadita de jugo de limón fresco
- 1 cucharadita de sal de mar
- 1 cucharadita de cilantro fresco, picado
- 1 cucharadita de hojas de tomillo frescas
- ¼ de cucharadita de páprika
- 1 pizca de chile de árbol molido
- 4 tazas de zarzamoras, moras azules u otra fruta de la fase 3

Precalienta el horno a 190 °C.

Pon las pechugas de pollo en un molde para hornear lo suficientemente grande para acomodarlas en una sola capa. En un tazón pequeño, mezcla los ingredientes restantes, excepto las moras, y espárcelos sobre el pollo. Cubre el molde con papel aluminio y hornéalo entre 30 y 40 minutos o hasta que el pollo esté bien cocido. Sirve con 1 taza de moras por cada porción.

ENSALADA DE RÁBANOS HORNEADOS Y POLLO A LA PARRILLA
Rinde 6 porciones

▸ **FASE 3**

Tiempo de preparación: 10 minutos
Tiempo total: 1 hora

- 700 gramos de pechugas de pollo sin hueso, sin piel
- Sal de mar y pimienta negra
- 700 gramos de rábanos cortados (cualquier clase o una mezcla)
- 3 cucharadas de aceite de oliva
- ¼ de taza de vinagre de manzana
- 3 cebollitas de cambray rebanadas finamente, con tallo
- 2 cucharadas de perejil fresco, picado
- 2 cucharadas de eneldo fresco, picado
- 1 cucharadita de mostaza Dijon sin azúcar o mostaza amarilla sin azúcar
- ¼ de taza de mayonesa de cártamo
- Jugo de ½ limón
- 6 tazas de cualquier fruta de la fase 3

Aplana las pechugas de pollo a un grosor similar y salpiméntalas. Asa el pollo alrededor de 4 minutos de cada lado, hasta que esté bien cocido. Déjalo enfriar y luego córtalo en tiras o en cubos.

Precalienta el horno a 220 °C. Mete una charola para hornear grande en el horno para calentarla.

Rebana los rábanos más grandes a la mitad; pasa todos los rábanos a un tazón y añade 2 cucharadas de aceite de oliva. Revuelve para cubrirlos. Esparce los rábanos en la charola para hornear caliente y hornéalos entre 25 y 30 minutos, moviendo la charola una vez, hasta que estén suaves, pero no blandos, y empiecen a dorarse. Debes estar pendiente para que no se cocinen de más.

Mientras, en un tazón pequeño, bate la cucharada de aceite restante con el vinagre, las cebollitas de cambray, las hierbas, la mostaza, la mayonesa y el jugo de limón. Cuando los rábanos estén listos, espera a que se enfríen un poco y luego empápalos en la vinagreta. Salpimienta al gusto. Añade el pollo asado, revuelve para mezclar y sirve caliente o frío, con 1 taza de fruta.

ESTOFADO DE BERENJENA LARGO Y LENTO
Rinde 4 porciones

Tiempo de preparación: 10 minutos
Tiempo total: 3 a 8 horas (olla de cocción lenta)

- 1 berenjena mediana, pelada y picada en cubos
- 2 latas de 420 gramos de garbanzos
- 1 lata de 170 gramos de pasta de tomate
- 3 tazas de jitomates picados en cubos
- 1 taza de coliflor picada
- ½ taza de cebolla morada picada en cubos
- ½ taza de caldo de verduras orgánico
- ¼ de taza de vinagre de coco
- 2 dientes de ajo picados finamente
- 2 cucharadas de jugo de limón
- 1 cucharada de xilitol
- 1 cucharadita de semillas de apio
- 1 cucharadita de sal de mar
- 1 cucharadita de orégano fresco o seco
- 1 cucharadita de albahaca fresca o seca
- ½ cucharadita de chile de árbol molido
- 1 aguacate pelado y picado en cubos
- 4 tazas de fruta de la fase 3

Pon todos los ingredientes, excepto el aguacate y la fruta, en una olla de cocción lenta o una olla eléctrica, y cocínalos entre 3 y 4 horas en alto, o entre 6 y 8 horas en bajo. Sirve decorado con cantidades iguales de aguacate picado y con 1 taza de fruta de la fase 3.

GUISO DE PAVO AHUMADO Y VERDURAS
Rinde 4 porciones

▸ **FASE 3**

Tiempo de preparación: 10 minutos
Tiempo total: 25 minutos

- 3 cucharadas de aceite de oliva
- 3 dientes de ajo grandes, picados finamente
- ¾ de taza de tallo de ajo picados finamente (opcional)
- 4 rebanadas gruesas de pavo ahumado, picadas en cubos
- 1 cabeza de coliflor mediana, picada
- 8 tazas de hojas de betabel rebanadas
- 1½ cucharaditas de sal de mar
- 1 cucharadita de pimienta negra
- ½ taza de pecanas, nueces o piñones
- 4 tazas de fruta de la fase 3

Calienta una sartén de fondo grueso sobre fuego medio-alto y, cuando ya esté caliente, vierte 2 cucharadas de aceite de oliva y cocina el ajo durante unos segundos, hasta que crepite. Agrega los tallos de ajo si los usas, y el pavo, y cocina moviendo de manera constante durante 5 minutos. Añade la coliflor y cocina 5 minutos más. Agrega las hojas de betabel y cocina moviendo frecuentemente durante 5 minutos más, hasta que estén suaves. Añade la sal y la pimienta al asado y revuelve para mezclar.

En una sartén pequeña a fuego bajo, tuesta las nueces en la cucharada de aceite de oliva restante durante 5 minutos aproximadamente, justo hasta que empiecen a dorarse. Mueve la sartén algunas veces mientras se tuestan. Sirve el asado con las nueces tostadas encima y 1 taza de fruta de la fase 3.

CENA

SOPA DE POLLO, CHAMPIÑONES Y CEBADA
Rinde 10 porciones

▸ **FASE 3**

Tiempo de preparación: 10 minutos
Tiempo total: 4 horas

- 1 ⅛ kilos de pechugas de pollo sin hueso, sin piel, picadas en cubos
- 950 mililitros de caldo de pollo orgánico
- 4 tazas de hongos botón blanco o dorados
- 2 tazas de camote amarillo picado en cubos
- 1 taza de cebada cruda (opcional)
- 1 taza de cebolla amarilla picada en cubos
- ¼ de taza de apio picado en cubos
- ¼ de taza de salsa tamari
- 1 hoja de laurel fresca o seca
- 1 cucharadita de hojas de tomillo frescas
- 1 cucharadita de mostaza seca
- ½ cucharadita de semillas de apio
- 2 cucharadas de pimienta blanca
- 5 aguacates picados en cubos
- Sal de mar, al gusto

Pon todos los ingredientes, excepto el aguacate y la sal, en una olla grande. Agrega 950 mililitros de agua y hiérvelos a fuego alto. Baja la flama y deja que la sopa se cueza a fuego lento durante 4 horas. Antes de servir, saca la hoja de laurel, decora con aguacate picado encima y añade sal al gusto.

Tip: Recuerda que esta receta no es libre de gluten, así que si no puedes comer gluten, no dudes en cambiar la cebada por arroz salvaje.

TAZÓN CON CHILI DE FAJITAS DE POLLO
Rinde 4 porciones

▸ **FASE 3**

Tiempo de preparación: 10 minutos
Tiempo total: 20 minutos

- 2 cucharadas de aceite de coco
- 450 gramos de pechugas de pollo sin hueso, sin piel, cortadas en trozos pequeños
- 1 pimiento morrón, sin semillas y cortado en tiras largas y delgadas
- 1 cebolla blanca mediana, rebanada
- ¼ a ½ cucharadita de chile en polvo suave, o al gusto
- ¼ de cucharadita de sal de mar, o al gusto
- 2 cucharadas de aminoácidos de coco
- 2 tazas de arroz salvaje cocido (opcional)
- 2 aguacates picados en cubos

Calienta una sartén de fondo grueso a fuego medio y, cuando ya esté caliente, vierte el aceite de coco y saltea el pollo, moviendo frecuentemente, alrededor de 5 minutos, hasta que se dore ligeramente. Añade el pimiento morrón, la cebolla, el chile en polvo, la sal y los aminoácidos de coco. Revuelve bien y cocina durante 5 minutos más, hasta que la cebolla esté suave y el pollo esté bien cocido. Sirve sobre el arroz salvaje si lo usas, y decora con el aguacate.

ARROZ FRITO CON PAVO Y VERDURAS
Rinde 4 porciones

▸ **FASE 3**

Tiempo de preparación: 10 minutos
Tiempo total: 30 minutos

- 450 gramos de salchicha de pavo
- ¼ de taza de aceite de oliva
- 1½ tazas de zanahorias en julianas
- 1½ tazas de apio picado en cubos
- 1½ tazas de cualquier otra verdura de la fase 3, rebanada (champiñones, cebollitas de cambray, jícama, coliflor)
- 1 cucharadita de sal de mar, o al gusto
- 2 tazas de arroz salvaje cocido (esta receta resulta mejor si el arroz es sobrante o se cocina el día anterior)

Calienta una sartén de fondo grueso sobre fuego medio y, cuando ya esté caliente, cocina la salchicha durante 5 minutos aproximadamente, moviendo para separarla, hasta que esté dorada. Pasa la carne a un tazón grande.

Utiliza la misma sartén, calienta 2 cucharadas de aceite de oliva y cocina las zanahorias, el apio y las otras verduras durante 3 minutos, moviendo constantemente. Agrega ¼ o ½ taza de agua y sal al gusto. Hiérvelo sobre fuego medio-alto, baja la flama y déjalo cocinar a fuego lento, tapado, durante 5 minutos o hasta que las verduras estén suaves. Pon las verduras sobre la carne en el tazón.

Calienta la misma sartén a fuego medio y, cuando esté caliente, vierte las 2 cucharadas restantes de aceite de oliva. Añade el arroz y cocina, moviendo ocasionalmente, entre 8 y 10 minutos, hasta que el arroz se dore. Mezcla el arroz con las verduras y la carne, revisa la sazón, añade sal si es necesario y sirve caliente.

CAMARONES AL JENGIBRE CON VERDURAS SALTEADAS
Rinde 8 porciones

▸ **FASE 3**

Tiempo de preparación: 15 minutos
Tiempo total: 30 minutos

- 4 cucharadas de aceite de semilla de uva
- 900 gramos de camarones, limpios y sin caparazón
- 2 calabacitas amarillas, rebanadas
- 1 taza de champiñones rebanados
- 1 taza de col china picada
- ¼ de taza de espárragos rebanados
- 1 taza de jitomates picados
- ¼ de taza de aminoácidos de coco
- ¼ de taza de jengibre picado finamente
- ½ taza de ajonjolí tostado
- 1 cucharada de sal de mar con mezcla de hierbas
- 1 ½ cucharaditas de chile de árbol molido
- 4 tazas de arroz salvaje cocido

Calienta una sartén de fondo grueso o un wok sobre fuego medio y, cuando ya esté caliente, vierte 1 cucharada del aceite, moviendo la sartén para cubrirla. Añade los camarones y sofríelos durante 4 minutos o hasta que se tornen rosas. Sácalos de la sartén y reserva. Vuelve a cubrir la sartén con el aceite restante y añade la calabacita, los champiñones, la col china y los espárragos. Sofríelos durante 5 minutos aproximadamente, hasta que las verduras estén ligeramente suaves. Añade los jitomates, los aminoácidos de coco, el jengibre, el ajonjolí, la mezcla de sal y el chile de árbol. Cocina, moviendo frecuentemente, durante 3 minutos. Devuelve los camarones a la sartén, mézclalos con los demás ingredientes y cocínalos justo hasta que todo esté caliente. Sirve sobre el arroz.

Tip: Esta receta se congela muy bien, así que si crees que la servirás como una comida de la fase 3, deja fuera el arroz salvaje, ya que no hay granos en las comidas de la fase 3.

HAMBURGUESAS DE PAVO CON CAMOTES AMARILLOS
Rinde 4 porciones

Tiempo de preparación: 10 minutos
Tiempo total: 1 hora y 20 minutos

- 4 camotes amarillos medianos
- 2 dientes de ajo
- ½ taza de cebolla blanca troceada
- 450 gramos de carne de pavo magra molida
- 2 claras de huevo grandes o ⅓ de taza de claras de huevo líquidas
- ½ taza de pan de granos germinados molido
- 2 cucharaditas de sal de mar
- ½ cucharadita de pimienta negra

Precalienta el horno a 200 °C. Pon el camote amarillo en la rejilla de en medio del horno y hornéalo entre 45 minutos y 1 hora, o hasta que esté suave cuando lo piques con un tenedor.

En una licuadora, haz puré el ajo y la cebolla. Pon el pavo en un tazón grande, añade la mezcla de cebolla, las claras, el pan molido, la sal y la pimienta, y mezcla bien. Divide la mezcla en cuatro porciones iguales y forma una hamburguesa con cada una.

Asa las hamburguesas en un asador o una parrilla a fuego alto entre 4 y 5 minutos de cada lado o hasta que estén bien cocidas. Sirve con el camote horneado.

Tip: Asegúrate de disfrutar esta receta con una grasa saludable, como aguacate rebanado o humus.

LENTEJAS SALADAS Y VERDURAS SALTEADAS
Rinde 8 porciones

▸ **FASE 3**

Tiempo de preparación: 10 minutos
Tiempo total: 20 minutos

- 1 cucharada de aceite de semilla de uva
- 1 cebolla rebanada
- ½ taza de zanahorias ralladas
- ½ calabacita rebanada
- ½ calabacita amarilla, rebanada
- ¼ de taza de salsa tamari
- 1 pizca de eneldo fresco
- 1 pizca de hojas de tomillo frescas
- 1 pizca de cilantro molido
- 1 pizca de orégano fresco o seco
- 1 pizca de hojas de romero frescas
- 1 hoja de laurel fresca o seca
- 1 pizca de cúrcuma
- 1 cucharadita de sal de mar
- ⅛ de cucharadita de pimienta negra
- 4 tazas de lentejas cocidas
- ½ cabeza de col china mediana, rebanada
- ½ taza de espinacas
- 4 tazas de arúgula
- 2 aguacates rebanados

Calienta una sartén de fondo grueso o un wok a fuego medio y, cuando ya esté caliente, vierte el aceite. Cocina la cebolla, las zanahorias y las calabacitas, moviendo constantemente, durante 5 minutos, justo hasta que estén suaves. Añade la salsa tamari, el eneldo, el tomillo, el cilantro, el orégano, el romero, la hoja de laurel, la cúrcuma, la sal y la pimienta, y revuelve bien. Añade las lentejas, la col china y las espinacas, y cocina, moviendo frecuentemente, alrededor de 5 minutos, hasta que las hojas estén suaves. Saca la hoja de laurel, sirve sobre una cama de arúgula y decora con el aguacate encima.

Tip: Recuerda que los granos son opcionales en una cena de la fase 3. Dado que las lentejas también son un almidón, podría ser buen momento para evitar añadir un grano adicional.

GALLINETAS RELLENAS DE CHAMPIÑONES Y QUINOA
Rinde 4 porciones

Tiempo de preparación: 10 minutos
Tiempo total: 1 hora y 40 minutos

- 1 taza de quinoa
- 4 cucharadas de mantequilla de coco
- ¼ de taza de piñones
- 1 cucharadita de sal de mar
- 1 taza de hongos botón picados finamente
- 4 gallinetas, con piel
- 5 dientes de ajo picados finamente
- 1 cucharadita de pimienta negra

Precalienta el horno a 190 °C.

Enjuaga la quinoa muy bien y escúrrela. Hierve 2 tazas de agua, agrega la quinoa y baja la flama a media-baja; revuelve, tapa y déjala cocinar a fuego lento durante 15 minutos aproximadamente. Quita la olla del fuego y deja que la quinoa repose en la olla tapada durante 5 minutos. Agrega la mantequilla de coco, los piñones, ½ cucharadita de sal y los hongos, y mezcla con un tenedor.

Acomoda las gallinetas en una charola para hornear y frótalas por fuera con la ½ cucharadita de sal restante y el ajo. Rellena las gallinetas con la mezcla de quinoa y luego espolvorea pimienta sobre las aves. Hornéalas sobre la rejilla de en medio del horno durante 55 minutos o hasta que la temperatura interna alcance 75 °C en un termómetro de lectura inmediata, inserto entre la pechuga y la pierna, pero sin tocar el hueso. Deja que las gallinetas reposen durante 10 minutos antes de servir.

ENSALADA DE ARROZ SALVAJE Y FRIJOLES NEGROS
Rinde 1 porción

▸ FASE 3

Tiempo de preparación: 5 minutos
Tiempo total: 5 minutos

- ½ taza de arroz salvaje cocido
- ½ taza de frijoles negros de lata, colados y enjuagados
- ¼ de taza de cebollitas de cambray, con tallo
- 1 cucharadita de cilantro fresco, picado
- ¼ de taza de jitomates picados en cubos
- ½ taza de coliflor hervida, picada
- 2 cucharadas de aminoácidos de coco
- 1 diente de ajo picado finamente
- 3 cucharadas de aceite de semilla de uva

Revuelve todos los ingredientes y sirve.

CHILI VEGETARIANO DE CUATRO FRIJOLES
Rinde 8 porciones

Tiempo de preparación: 5 minutos
Tiempo total: 3 a 8 horas (olla de cocción lenta)

- 1 lata de 420 gramos de cada uno: alubias, frijoles pintos, frijoles negros y frijoles adzuki, escurridos y enjuagados
- 2 tazas de lentejas enjuagadas
- 2 tazas de coliflor
- 1 taza de apio picado en cubos
- 1 taza de jitomate picado en cubos
- 4 calabacitas picadas
- 2 tazas de caldo de verduras orgánico
- ½ taza de cilantro o perejil fresco, picado
- 2 cucharadas de chile en polvo
- 4 aguacates picados en cubos

Pon todos los ingredientes, excepto los aguacates, en una olla de cocción lenta o una olla eléctrica, y cocínalos entre 3 y 4 horas en alto, o entre 7 y 8 horas en bajo. Sirve con el aguacate picado encima.

ENSALADA DE QUINOA CON RÁBANOS Y FRIJOLES NEGROS
Rinde 4 porciones

▸ **FASE 3**

Tiempo de preparación: 5 minutos
Tiempo total: 1 hora (incluye tiempo para enfriar)

- 1 cucharadita de sal de mar
- ½ cucharadita de comino molido
- ½ cucharadita de pimienta negra
- 4½ cucharaditas de aceite de oliva
- 2 cucharadas de vinagre de coco
- 1 lata de 420 gramos de frijoles negros, escurridos y enjuagados
- 1 taza de pepinos picados
- ½ taza de rábanos en rebanadas delgadas
- 2 tazas de quinoa cocida
- 2 tazas de mezcla de hojas verdes
- Cualquier aderezo de la fase 3

En un tazón, mezcla la sal, el comino y la pimienta. Añade el aceite de oliva y el vinagre, y mezcla bien. Agrega los frijoles, el pepino y los rábanos, y revuelve para cubrirlos con la vinagreta. Añade la quinoa, mezcla bien y refrigéralo por lo menos durante 1 hora, o hasta que esté frío. Sirve frío sobre una cama de hojas verdes y acompañado con cualquier aderezo de la fase 3.

Tip: Me gusta la quinoa roja en esta ensalada porque le da más sabor, pero cualquier quinoa estará bien.

ARROZ CON PAVO Y PIMIENTO
Rinde 4 porciones

Tiempo de preparación: 10 minutos
Tiempo total: 35 minutos

- 2 cucharadas de aceite de oliva
- 450 gramos de carne de pavo molida
- 4 dientes de ajo picados finamente
- 4 pimientos morrones sin semillas y rebanados
- 1 cebolla blanca grande, rebanada
- 1 lata de 420 gramos de salsa de tomate
- ½ cucharadita de sal de mar
- ½ cucharadita de pimienta
- 2 tazas de arroz salvaje cocido
- ⅓ de taza de tahini

Calienta una sartén de fondo grueso sobre fuego medio, añade el aceite de oliva y, cuando ya esté caliente, cocina el pavo y el ajo entre 2 y 3 minutos, separando la carne mientras se cuece, hasta que esté dorada. Agrega los pimientos y la cebolla, y cocina moviendo frecuentemente entre 8 y 10 minutos, hasta que las verduras estén suaves. Añade la salsa de tomate, la sal y la pimienta, y revuelve bien. Agrega el arroz cocido en la sartén, cocínalo a fuego medio-alto durante 2 o 3 minutos, luego baja la flama y déjalo cocer a fuego lento durante 15 minutos más para mezclar los sabores y calentarlo bien. Espolvorea el tahini.

REFRIGERIOS

ENSALADA DE CHAMPIÑONES Y ESPINACAS
Rinde 2 porciones

▸ **FASE 3**

Tiempo de preparación: 5 minutos
Tiempo total: 5 minutos

- 4 a 6 tazas de espinacas frescas, troceadas
- 1 taza de champiñones rebanados
- 1 taza de jitomates cherry
- ¼ de taza de tocino de pavo cocido, desmoronado
- 2 cebollitas de cambray picadas en cubos, con tallo

Para el aderezo
- 6 cucharadas de aceite de oliva
- 2 cucharadas de vinagre de manzana
- 1 cucharadita de xilitol, al gusto
- 1 o 1½ cucharaditas de mostaza seca
- ½ cucharadita de semillas de apio
- ¼ de cucharadita de sal de mar
- Pimienta negra, al gusto

En un tazón grande, revuelve las espinacas, los champiñones, los jitomates, el tocino de pavo y las cebollitas de cambray. En un frasco con tapa hermética, mezcla los ingredientes del aderezo y agítalo bien. Vierte el aderezo sobre la ensalada y revuelve. Sirve inmediatamente.

Tip: Incluso si sólo cocino para mí, me gusta preparar el doble de la porción. Me como la mitad para mi refrigerio y guardo la otra mitad para añadirla a un huevo revuelto en el desayuno de la fase 3 del día siguiente.

TAZAS DE SARDINAS Y ENDIVIA
Rinde 1 porción

▸ **FASE 3**

Tiempo de preparación: 2 minutos
Tiempo total: 2 minutos

- 1 lata de 100 gramos de sardinas en aceite de oliva
- 2 hojas de endivia grandes
- ½ cucharadita de rábano picante preparado (opcional)

Sirve las sardinas en las hojas de endivia y decora con el rábano si lo usas.

OSTIONES AHUMADOS Y PEPINOS
Rinde 1 porción

▸ **FASE 3**

Tiempo de preparación: 2 minutos
Tiempo total: 2 minutos

- 55 gramos de ostiones ahumados, en aceite de oliva
- ½ taza de pepinos rebanados
- 1 hoja de albahaca fresca (opcional)

Sirve los ostiones sobre las rebanadas de pepino. Acompáñalas con una hoja de albahaca si la usas.

HUMUS DE BERENJENA CON VERDURAS CRUDAS
Rinde 10 porciones

▸ FASE 3

Tiempo de preparación: 5 minutos
Tiempo total: 5 minutos

- 1 lata de 420 gramos de garbanzos con líquido
- 1 lata de 420 gramos de frijoles blancos, escurridos y enjuagados
- 1 berenjena mediana, cocida, pelada y picada en cubos
- Jugo de 1 limón (3 cucharadas)
- 2 dientes de ajo
- 1 taza de tahini
- 2 cucharadas de aminoácidos de coco
- 1 cucharadita de perejil fresco picado
- ⅛ de cucharadita de eneldo fresco
- ⅛ de cucharadita de sal de mar
- ⅛ de cucharadita de pimienta blanca
- Cualquier verdura cruda de la fase 3

Pon todos los ingredientes, excepto las verduras de la fase 3, en un procesador de alimentos y hazlos puré durante 1 minuto aproximadamente o hasta que tenga una consistencia suave. Sirve con las verduras crudas.

HUMUS DE FRIJOLES BLANCOS, LIMÓN Y ENELDO, CON VERDURAS
Rinde 12 porciones

Tiempo de preparación: 5 minutos
Tiempo total: 5 minutos

- 1 lata de 420 gramos de garbanzos, con líquido
- 1 lata de 420 gramos de garbanzos, escurridos y enjuagados
- 1 lata de frijoles blancos, escurridos y enjuagados
- 1 taza de jugo de limón fresco
- 1 taza de tahini
- 4½ cucharaditas de ajo picado finamente
- 1 cucharada de aceite de oliva
- 1 cucharadita de eneldo fresco
- 1 cucharadita de sal de mar
- Cualquier verdura cruda de la fase 3

Pon todos los ingredientes, excepto las verduras de la fase 3, en un procesador de alimentos, y hazlos puré 1 minuto aproximadamente, hasta que tengan una consistencia homogénea. Sirve con las verduras crudas.

FRITURAS HORNEADAS DE CAMOTE AMARILLO
Rinde 1 porción

▸ **FASE 3**

Tiempo de preparación: 5 minutos
Tiempo total: 40 a 45 minutos

- ½ taza de camote amarillo rebanado, cocido
- 1 cucharada de aceite de semilla de uva
- ½ cucharadita de cilantro fresco, picado
- ½ cucharadita de hojas de romero frescas
- 1 pizca de sal de mar

Precalienta el horno a 190 °C.

Reparte las rebanadas de camote amarillo sobre una charola para hornear en una sola capa (está bien si algunas se enciman) y rocíalas con aceite de semilla de uva. Espolvorea el cilantro y el romero. Hornéalas entre 25 y 30 minutos, o hasta que estén crujientes. Espolvoréalas con sal.

BOTANA DE COL RIZADA
Rinde 1 porción

▸ **FASE 3**

Tiempo de preparación: 5 minutos
Tiempo total: 15 a 20 minutos

- 1 manojo de col rizada
- 2 cucharadas de aceite de oliva
- 1 cucharadita de sal de mar
- 2 a 3 dientes de ajo, en rebanadas delgadas (opcional)

Precalienta el horno a 175 °C.

Cubre una charola para hornear sin aislamiento con papel de estraza. Quita la nervadura a las hojas de col y rómpelas en trozos medianos. Lava y seca muy bien la col. Esparce los trozos de col sobre la charola para hornear, rocíala con aceite de oliva y espolvorea sal y ajo si lo usas. Hornéala entre 10 o 15 minutos, hasta que los bordes estén dorados, pero sin quemarse.

ALCACHOFAS ADEREZADAS CON LIMÓN
Rinde 2 porciones

▸ **FASE 3**

Tiempo de preparación: 5 minutos
Tiempo total: 20 minutos

- 2 alcachofas
- ½ taza de jugo de limón fresco
- ¼ de taza de aceite de oliva
- ¼ de taza de tahini
- 1 diente de ajo picado finamente
- 1 cucharada de sazonador de carne

Lava y rebana en cuartos las alcachofas, quitando las hojas duras del exterior. Hierve las alcachofas en agua hasta que las hojas se desprendan fácilmente y luego escúrrelas. Bate el jugo de limón, el aceite de oliva, el tahini, el ajo y el sazonador. Rocíalo sobre los cuartos de alcachofa.

HUEVOS RELLENOS
Rinde 3 porciones

▸ **FASE 3**

Tiempo de preparación: 5 minutos
Tiempo total: 5 minutos

- 3 huevos grandes cocidos
- 1 cucharada de mayonesa de cártamo
- 1 cucharadita de mostaza preparada
- 1 pizca de sal de mar

Corta los huevos a la mitad, a lo largo. Descarta una yema y pon las restantes en un tazón pequeño. Aplástalas finamente con un tenedor. Agrega la mayonesa, la mostaza y la sal, y mezcla bien. Rellena las mitades de clara de huevo con la mezcla de yema. Si la mezcla de yema está muy seca, añade un poco más de mostaza.

LICUADOS/BEBIDAS

LICUADO DE AGUACATE
Rinde 1 porción

▸ **FASE 3**

Tiempo de preparación: 5 minutos
Tiempo total: 5 minutos

- ½ aguacate
- ¾ de taza de leche de coco
- ½ taza de espinacas
- 1 taza de duraznos picados en cubos
- ½ taza de cubos de hielo
- 1 cucharada de xilitol

Licua todos los ingredientes hasta que el licuado tenga una consistencia homogénea. Sirve inmediatamente.

LICUADO DE COCO Y CEREZA
Rinde 1 porción

▸ **FASE 3**

Tiempo de preparación: 5 minutos
Tiempo total: 5 minutos

- 1 taza de leche de cáñamo
- 1 taza de cerezas negras congeladas
- ½ taza de cubos de hielo
- ¼ de taza de coco rallado
- ¼ de taza de quinoa cocida
- 1 cucharada de mantequilla de almendra cruda
- 1 cucharadita de Stevia

Licua todos los ingredientes hasta que el licuado tenga una consistencia homogénea. Sirve de inmediato.

LICUADO DE FRAMBUESA Y LECHE DE ALMENDRAS
Rinde 1 porción

▸ **FASE 3**

Tiempo de preparación: 5 minutos
Tiempo total: 5 minutos

- 1 taza de leche de almendras
- 1 taza de frambuesas
- ½ taza de cubos de hielo
- 1 cucharada de mantequilla de almendra
- 1 cucharadita de Stevia

Licua todos los ingredientes hasta que el licuado tenga una consistencia homogénea. Sirve inmediatamente.

LICUADO DE ANACARDO Y ZARZAMORA
Rinde 1 porción

▸ **FASE 3**

Tiempo de preparación: 5 minutos
Tiempo total: 5 minutos

- 1 taza de leche de anacardo o leche de almendras
- 1 taza de zarzamoras
- ½ taza de cubos de hielo
- 1 cucharada de mantequilla de anacardo
- 1 cucharadita de Stevia

Licua todos los ingredientes hasta que el licuado tenga una consistencia homogénea. Sirve inmediatamente.

LICUADO DE BETABEL Y COL RIZADA
Rinde 1 porción

▸ FASE 3

Tiempo de preparación: 5 minutos
Tiempo total: 5 minutos

- ½ taza de col rizada troceada (quita primero la nervadura, antes de romper las hojas)
- ½ taza de espinacas
- ½ taza de betabel crudo picado en cubos
- ½ taza de zanahorias picadas en cubos
- ½ taza de cubos de hielo
- Jugo de 1 lima (2 cucharadas)
- 1 hoja de menta fresca

Licua todos los ingredientes con 120 mililitros de agua de manantial hasta que el licuado tenga una consistencia homogénea. Sirve inmediatamente.

BEBIDA FRÍA SABOR CAFÉ
Rinde 1 porción

▸ FASE 3

Tiempo de preparación: 2 minutos
Tiempo total: 2 minutos

- 2 cucharaditas de Pero
- 1 gota de Stevia líquida de caramelo
- ¼ de taza de leche de almendras
- ½ taza de cubos de hielo

Licua todos los ingredientes hasta que la bebida tenga una consistencia homogénea. Sirve inmediatamente.

Tip: El Pero es una alternativa de café herbal sin cafeína, pero no es libre de gluten, ya que contiene cebada. Lo compro en mi tienda naturista local, pero también puedes encontrarlo en línea.

SALSAS Y ADEREZOS

Una porción para todas las salsas y los aderezos consiste en 2 a 4 cucharadas.

ADEREZO DE PISTACHE
Rinde 1 porción

▸ **FASE 3**

Tiempo de preparación: 5 minutos
Tiempo total: 5 minutos

- 2 cucharadas de mantequilla de pistache
- 2 cucharadas de aceite de oliva
- 1 cucharadita de ajo picado finamente
- ½ cucharadita de sal de mar
- Jugo de ½ limón (2 cucharadas)

Bate todos los ingredientes y sirve sobre cualquier ensalada, comida o verdura de la fase 3.

ADEREZO DE AJONJOLÍ TOSTADO
Rinde 1 porción

▸ **FASE 3**

Tiempo de preparación: 2 minutos
Tiempo total: 2 minutos

- 2 cucharadas de aceite de ajonjolí tostado
- 1 cucharadita de ajo picado finamente
- ½ cucharadita de sal de mar
- ½ cucharadita de pimienta blanca
- 1 pizca de orégano
- Jugo de ½ lima (1 cucharada)

Licua todos los ingredientes hasta que tengan una consistencia homogénea. Sirve sobre cualquier ensalada, comida o verdura de la fase 3.

PESTO
Rinde 2 a 4 porciones

▸ **FASE 3**

Tiempo de preparación: 2 minutos
Tiempo total: 2 minutos

- 1 taza de hojas de albahaca frescas
- ⅓ de taza de piñones
- ¼ de taza de aceite de oliva
- 1 cucharada de aceite de coco
- 2 dientes de ajo picados finamente

Licua todos los ingredientes hasta obtener una consistencia suave. Sirve sobre cualquier envuelto o sándwich de la fase 3, rocía sobre cualquier comida de la fase 3 o úsalo como marinada.

SALSA DE AGUACATE Y LIMA
Rinde 2 porciones

▸ **FASE 3**

Tiempo de preparación: 2 minutos
Tiempo total: 2 minutos

- ½ aguacate
- Jugo de ½ lima (1 cucharada)
- 1 cucharadita de mayonesa de cártamo
- 1 cucharadita de cilantro fresco, picado
- Sal de mar y pimienta negra, al gusto

Licua todos los ingredientes hasta que tengan una consistencia homogénea. Sirve con cualquier verdura de la fase 3.

SALSA CREMOSA DE ANACARDO
Rinde 2 porciones

Tiempo de preparación: 2 minutos
Tiempo total: 2 minutos

- Jugo de 1 limón (3 cucharadas)
- 2 cucharadas de mantequilla de anacardo
- 2 cucharadas de aceite de semilla de uva
- 1 cucharada de salsa tamari
- ½ cucharadita de Stevia
- ½ cucharadita de chile de árbol molido

Licua todos los ingredientes hasta obtener una consistencia homogénea. Sirve con cualquier comida o verdura de la fase 3.

POSTRES

HELADO DE COCO Y CACAO
Rinde 2 porciones

> **FASE 3**

Tiempo de preparación: 2 minutos
Tiempo total: 2 minutos

- 4 tazas de cubos de hielo
- ½ taza de leche de coco
- ¼ de taza de xilitol
- ¼ de taza de pecanas troceadas
- 2 cucharadas de cacao en polvo, sin endulzante

Pon todos los ingredientes en una licuadora y lícualos hasta obtener la consistencia deseada. Sirve de inmediato. Si la guardas en el congelador, deja que la mezcla repose a temperatura ambiente durante unos minutos antes de servir.

Tip: Disfrútalo como refrigerio, pues este postre contiene grasa saludable. Sólo recuerda acompañarlo con una verdura de la fase 3. También puedes comerlo después de una comida si haces un día adicional de ejercicio.

BUDÍN DE COCO Y ALMENDRA
Rinde 6 porciones

▸ **FASE 3**

Tiempo de preparación: 5 minutos
Tiempo total: 15 minutos

- 2 tazas de leche de coco
- 1 taza de crema de coco
- ⅔ de taza de xilitol
- ¼ de taza de perlas de tapioca pequeñas
- ¼ de taza de harina de almendras
- ¼ de cucharadita de sal de mar
- 3 huevos grandes, licuados
- 1 cucharadita de extracto de vainilla
- ½ taza de coco rallado
-

En una olla grande, bate la leche de coco y la crema de coco con el xilitol, la tapioca, la harina, la sal y los huevos. Cocina sobre fuego medio, batiendo constantemente. Quita la mezcla del fuego, y agrega la vainilla al coco rallado con movimientos envolventes. Sirve caliente o frío.

Tip: Disfrútalo como refrigerio, pues este postre contiene grasa saludable. Sólo recuerda acompañarlo con una verdura de la fase 3. También puedes comerlo después de una comida si haces un día adicional de ejercicio.

CEREZAS CUBIERTAS DE CHOCOLATE
Rinde 2 porciones

▸ **FASE 3**

Tiempo de preparación: 2 minutos
Tiempo total: 2 minutos

- ½ taza de aceite de semilla de uva
- 2 cucharadas de xilitol
- 3 cucharadas de cacao en polvo, sin endulzante
- 1 gota de Stevia de caramelo
- 1 taza de cerezas (frescas o congeladas)

En una olla pequeña, a fuego bajo, calienta el aceite, el xilitol, el cacao en polvo y el Stevia hasta que se entibien y se mezclen. Agrega las cerezas y revuelve con cuidado para cubrirlas. Pásalas a una charola con papel de estraza o un plato, y permite que se enfríen.

Tip: Dado que este postre contiene fruta, no cuenta como refrigerio para esta fase, pero siéntete libre de comerlo como postre después de la comida si agregas un día de ejercicio.

SORBETE DE ZARZAMORA
Rinde 2 porciones

▸ **FASE 3**

Tiempo de preparación: 2 minutos
Tiempo total: 2 minutos

- 2 tazas de zarzamoras
- 2 cucharadas de xilitol
- 4 tazas de cubos de hielo

Licua los ingredientes hasta obtener una consistencia suave. Sirve de inmediato.

Tip: Dado que este postre no contiene grasa saludable, no puede contar como refrigerio para esta fase. Siéntete libre de incluirlo como postre con una comida si también agregas un día de ejercicio. (Este sorbete no se puede comer como cena porque no hay fruta en la cena de la fase 3.)

GALLETAS DE CACAO
Rinde 3 a 4 porciones

Tiempo de preparación: 2 minutos
Tiempo total: 30 minutos

- 4 claras de huevo grandes a temperatura ambiente, o ⅔ de taza de claras de huevo líquidas
- ½ cucharadita de arruruz en polvo
- 1 cucharada de xilitol
- ½ taza de cacao en polvo, sin endulzante
- ½ cucharadita de sal de mar gruesa

Precalienta el horno a 160 °C.

En un tazón de vidrio grande, y usando un licuador de globo de metal, bate las claras y el arruruz hasta que se formen picos suaves. En otro tazón, bate el xilitol, el cacao en polvo y la sal. Agrega las claras de huevo con movimientos envolventes, hasta que se mezclen. No revuelvas de más. Cubre una charola para hornear con papel de estraza. Sirve la masa en cantidades de ⅓ de taza sobre la charola cubierta con papel de estraza, dejando por lo menos 5 centímetros entre cada una. Hornéalas alrededor de 25 minutos, rotando la charola cuando haya transcurrido la mitad del tiempo. Permite que las galletas se enfríen sobre la charola para hornear antes de pasarlas a una rejilla de metal para que se enfríen completamente.

Tip: Disfrútalas como refrigerio, pues este postre contiene grasa saludable. Sólo recuerda acompañarlas con una verdura de la fase 3. También puedes comerlas después de una comida si agregas un día adicional de ejercicio.

LISTA DE ALIMENTOS DE LA FASE 3

Para modificar cualquier receta de esta fase de la dieta, o para preparar las tuyas, puedes usar cualquiera de los alimentos de la siguiente lista de alimentos de la fase 3.

VERDURAS Y HOJAS VERDES (FRESCAS, ENLATADAS O CONGELADAS)

Alcachofas
Alga marina
Angú
Apio
Arruruz
Arúgula
Berenjena
Berros
Betabeles: *hojas y raíces*
Calabacitas y calabacitas amarillas
Camote amarillo/blanco
Cebollas
Cebollitas de cambray
Champiñones
Chiles verdes

Col berza
Col china
Col rizada
Col: *todas las clases*
Coles de Bruselas
Colirrábano
Corazones de palmito
Ejotes, ejotes franceses
Endivia
Endivia rizada
Espárragos
Espinacas
Espirulina
Floretes de coliflor
Frijoles: *peruanos*
Germinados

Hinojo
Jícama
Jitomates, frescos y de lata: *bola, saladet, cherry*
Lechuga (cualquiera menos iceberg)
Mezcla de hojas verdes
Pepinos
Pimientos: *morrones, peperoncino*
Poros
Rábanos
Ruibarbo
Zanahorias

FRUTAS (FRESCAS O CONGELADAS)

Arándanos
Cerezas
Ciruelas
Duraznos

Frambuesas
Limas
Limones
Moras azules

Toronja
Tunas
Zarzamoras

PROTEÍNA ANIMAL

Almejas
Arenque
Atún, fresco o enlatado en agua o aceite
Aves de caza: *faisán*
Calamares
Callos de hacha
Camarones
Cangrejo, carne

Carne de búfalo
Carne de langosta
Cerdo: *costillas, lomo*
Conejo
Cordero
Embutidos libres de nitratos: *pavo, pollo, rosbif*
Filete de halibut
Filete de robalo

Gallinetas
Hígado
Huevos, enteros
Ostiones
Pavo
Pollo: *sin hueso, sin piel, carne oscura o blanca, molida*
Raya

Res en conserva
Res: *filete, bistec, magra
    molida, asada*
Salchicha, libre de nitratos:
    pollo, pavo

Salmón, fresco, congelado o
    ahumado libre
    de nitratos
Sardinas, enlatadas en aceite
    de oliva

Tocino de pavo, libre de
    nitratos
Trucha

PROTEÍNA VEGETAL

Frijoles secos (o enlatados):
    adzuki, negros, habas,

*cannellini, blancos del norte,
alubias, lima, pintos, blancos*

Garbanzos
Lentejas

GRANOS

Arroz negro
Arroz salvaje
Avena: *arrollada, tradicional*

Cebada, negra o blanca
Granos germinados: *pan,
    bagels, panecillos, tortillas*

Quinoa
Tapioca

CALDOS, HIERBAS, ESPECIAS, CONDIMENTOS Y SUPLEMENTOS

Ajo, fresco
Algarrobo
Caldos: *res, pollo, verduras**
Cátsup, sin azúcares
    añadidos, sin jarabe de
    maíz
Endulzantes: *Stevia, xilitol*
Extracto de vainilla o menta
Hierbas frescas: *todas las
    clases*
Hierbas secas: *todas las
    clases*
Jengibre, fresco
Leche de almendras, sin
    endulzante
Leche de anacardo

Leche de cáñamo, sin
    endulzante
Levadura de cerveza: fresca
    y suplemento
Mostaza, preparada, seca
Pasta de tomate
Pepinillos, sin azúcares
    añadidos
Rábano picante, preparado
Salsa
Salsa de tomate, sin azúcares
    añadidos
Sazonadores naturales:
    *aminoácidos líquidos
    Bragg, aminoácidos
    de coco, salsa tamari*

Sazonadores: *pimienta
    negra y blanca, semillas
    de apio, sazonador de
    carne, canela, chile en
    polvo, chile de árbol
    molido, comino, curry en
    polvo, sal con cebolla,
    páprika, cacao crudo en
    polvo, cúrcuma, sal de
    mar, sazonador Simply
    Organic*
Tés herbales sin cafeína o
    Pero
Vinagre: *cualquier clase
    (excepto de arroz)*

* Nota: Todos los caldos, si es posible, deben ser libres de aditivos y conservadores.

GRASAS SALUDABLES

Aceites: *coco, semilla de uva, oliva, ajonjolí, ajonjolí tostado (oriental)*

Aceitunas

Aguacates

Coco, mantequilla de coco, leche de coco, crema de coco, agua de coco

Harinas de nueces

Humus

Mantequillas y pastas de nueces/semillas, crudas

Mayonesa, cártamo

Nueces, crudas: *almendras, anacardos, avellanas, pecanas, piñones, pistaches*

Semillas, crudas: *linaza, cáñamo, calabaza, ajonjolí, girasol*

Tahini

TERCERA PARTE

APÉNDICES

Índice de recetas.
Guía rápida de platillos vegetarianos y veganos

Fase 1	Vegetariano	Vegano	Página
Gazpacho helado con trozos de sandía	✓	✓	55
Estofado de salchicha dulce y col			56
Estofado de pollo y camote amarillo			57
Res cocida estilo italiano y verduras de invierno			58
Pavo mediterráneo y arroz salvaje			59
Envuelto de arúgula y frijoles negros	✓	✓	60
Sopa de calabaza mantequilla molida	✓	✓	61
Sopa minestrone de cocción lenta	✓	✓	62
Sopa de zanahoria, naranja y jengibre	✓	✓	63
Ensalada tibia de bistec sobre una cama de espinacas			64
Hamburguesas hawaianas			65
Cena			
Tazón de salchicha de pollo			66
Tostadas	✓	✓	67
Pastel de camote amarillo	✓	✓	68
Halibut y vegetales salteados			69
Res en conserva y col en cocción lenta			70
Gallinetas rellenas			71
Envueltos de res y col			72
Lenguado con jitomate y arroz integral			73
Brócoli y habas salteadas	✓	✓	74
Pasta con salsa de jitomate y carne en cocción lenta			75
Pollo al ajo y verduras sobre una cama de quinoa			76
Sopa de calabaza, jengibre y poro	✓	✓	77
Salteado de camote amarillo y brócoli	✓	✓	78
Curry de verduras	✓	✓	79

Fase 1	Vegetariano	Vegano	Página
Chili vegetariano de lentejas	✓	✓	80
Refrigerios			
Manzana con canela espolvoreada	✓	✓	81
Papaya con jugo de lima	✓	✓	81
Ensalada de pepino y mandarina	✓	✓	81
Mangos con chile	✓	✓	82
Duraznos con jengibre	✓	✓	82
Toronja con canela	✓	✓	82
Ensalada de jícama y menta	✓	✓	83
Sandía con menta	✓	✓	83
Semillas picantes de granada	✓	✓	84
Licuados/bebidas			
Licuado de quinoa y pera	✓	✓	85
Licuado de tres melones y menta	✓	✓	85
Licuado de manzana verde	✓	✓	86
Licuado tropical	✓	✓	86
Licuado de melón cantalupo	✓	✓	87
Salsas y aderezos			
Salsa de cilantro y frijoles negros	✓	✓	88
Aderezo de mandarina y pepino	✓	✓	88
Salsa de eneldo y frijoles blancos	✓	✓	89
Salsa con trozos de mango	✓	✓	89
Pasta de frijoles blancos especiados	✓	✓	90
Postres			
Manzana horneada crujiente	✓	✓	91
Piña con menta a la parrilla	✓	✓	91

Fase 1	Vegetariano	Vegano	Página
Sorbete de fresa y betabel	✓	✓	92
Sorbete de naranja	✓	✓	92
Galletas de calabaza			93

Fase 2	Vegetariano	Vegano	Página
Desayuno			
Salmón ahumado y pepino			97
Jícama con tocino y lima			98
Espárragos envueltos con tocino			98
Espinacas y champiñones revueltos			99
Claras cocidas, rellenas de verduras picadas finamente	✓		100
Merengue de ruibarbo	✓		101
Bistec con huevo			102
Cerdo y col berza			103
Desayuno sureño salteado			104
Omelette de claras y brócoli	✓		105
Estofado de tempeh y champiñones		✓	106
Comida			
Envuelto de lechuga y rosbif con mostaza			107
Ensalada de atún en hojas de endivia			108
Ensalada confeti de edamame picado		✓	109
Ensalada de puntas de búfalo			110
Ensalada de fajitas de pollo			111
Pastel de carne de pavo casero			112
Ejotes y pavo molido en tazones de lechuga mantequilla			113
Pollo asado al limón			114

Fase 2	Vegetariano	Vegano	Página
Paté de sardina silvestre			136
Pimiento rojo relleno con ensalada de atún crujiente			137
Albóndigas de la huerta			138
Frituras de tocino de pavo y salsa veraniega			139
Tazones de lechuga que sobraron, con aderezo			140
Ostiones sobre pepinos			140
Edamame salado		✓	141
Canapés de sardinas y pepinos			141
Cecina de tofu y pimienta		✓	142
Licuados/bebidas			
Arnold Palmer	✓	✓	143
Licuado de lima y menta	✓	✓	143
Limonada casera	✓	✓	144
Licuado para limpiar el colon	✓	✓	144
Licuado desintoxicante	✓	✓	145
Mojito de té helado	✓	✓	145
Salsas y aderezos			
Aderezo de pimiento rojo	✓	✓	146
Aderezo de peperoncino	✓	✓	147
Vinagreta de limón	✓	✓	147
Aderezo de chipotle	✓	✓	148
Salsa sureña picante	✓	✓	148
Postres			
Sorbete de lima	✓	✓	149
Merengue de limón	✓		149
Paletas de limón y lima	✓	✓	150

Fase 3	Vegetariano	Vegano	Página
Sopa de espárragos y camote amarillo	✓	✓	175
Envuelto de lechuga con pollo y humus de camote amarillo			176
Crema de espárragos			177
Estofado estilo sureño			178
Pollo con anacardo al horno			179
Ensalada de rábanos horneados y pollo a la parrilla			180
Estofado de berenjena largo y lento	✓	✓	181
Guiso de pavo ahumado y verduras			182
Cena			
Sopa de pollo, champiñones y cebada			183
Tazón con chili de fajitas de pollo			184
Arroz frito con pavo y verduras			185
Camarones al jengibre con verduras salteadas			186
Hamburguesas de pavo con camotes amarillos			187
Lentejas saladas y verduras salteadas	✓	✓	188
Gallinetas rellenas de champiñones y quinoa			189
Ensalada de arroz salvaje y frijoles negros	✓	✓	190
Chili vegetariano de cuatro frijoles	✓	✓	191
Ensalada de quinoa con rábanos y frijoles negros	✓	✓	192
Arroz con pavo y pimiento			193
Refrigerios			
Ensalada de champiñones y espinacas			194
Tazas de sardinas y endivia			195
Ostiones ahumados y pepinos			195
Humus de berenjena con verduras crudas	✓	✓	196
Humus de frijoles blancos, limón y eneldo, con verduras	✓	✓	197

Fase 3	Vegetariano	Vegano	Página
Frituras horneadas de camote amarillo	✓	✓	198
Botana de col rizada	✓	✓	198
Alcachofas aderezadas con limón	✓	✓	199
Huevos rellenos	✓		199
Licuados/bebidas			
Licuado de aguacate	✓	✓	200
Licuado de coco y cereza	✓	✓	200
Licuado de frambuesa y leche de almendras	✓	✓	201
Licuado de anacardo y zarzamora	✓	✓	201
Licuado de betabel y col rizada	✓	✓	202
Bebida fría sabor café	✓	✓	202
Salsas y aderezos			
Aderezo de pistache	✓	✓	203
Aderezo de ajonjolí tostado	✓	✓	203
Pesto	✓	✓	204
Salsa de aguacate y lima	✓	✓	204
Salsa cremosa de anacardo	✓	✓	205
Postres			
Helado de coco y cacao	✓	✓	206
Budín de coco y almendra	✓		207
Cerezas cubiertas de chocolate	✓	✓	208
Sorbete de zarzamora	✓		208
Galletas de cacao	✓		209

Lista maestra de alimentos

É sta es una lista maestra que incluye todos los alimentos que puedes comer para cada fase. Cuando necesites saber si está bien comer algo dentro de tu fase o cuando sólo estés buscando qué comprar para tu fase, busca aquí. Recuerda, cuando sea posible, elige orgánico.

FASE 1

VERDURAS Y HOJAS VERDES (FRESCAS, ENLATADAS O CONGELADAS)

Apio, incluyendo las hojas
Arruruz
Arúgula
Berenjena
Betabeles
Calabacitas y calabacitas amarillas
Calabaza
Camotes amarillos/blancos
Cebollas, morada y amarilla
Cebollitas de cambray
Champiñones

Chícharos, chícharos japoneses
Chiles verdes
Chirivía
Col rizada
Col: *todas las clases*
Colinabo
Ejotes, ejotes franceses
Espinacas
Espirulina
Floretes de brócoli
Frijoles: *peruanos*
Germinados

Jícama
Jitomates
Lechuga (cualquiera excepto iceberg)
Mezcla de hojas verdes
Nabos
Pepinos
Pimientos: *morrón, peperoncino*
Poros
Rábanos
Retoños de bambú
Zanahorias

FRUTAS (FRESCAS O CONGELADAS)

Cerezas
Chabacanos

Duraznos
Fresas

Granadas
Guayabas

Higos
Kiwis
Kumquat (naranja enana)
Limas
Limones
Mandarinas
Mangos

Manzanas
Melón cantalupo
Melón dulce
Moras de Logan
Moras: *zarzamoras,*
   azules, frambuesas
Naranjas

Papaya
Peras
Peras asiáticas
Piñas
Sandía
Toronja

PROTEÍNA ANIMAL

Atún, fresco o blanco,
   enlatado en agua
Aves de caza: *perdiz, faisán*
Carne de búfalo, molida
Cerdo: *lomo*
Embutidos libres de nitratos:
   pavo, pollo, rosbif
Filete de abadejo
Filete de lenguado

Filete de merluza
Gallina de
   Guinea
Halibut: *filete*
Huevos, sólo claras
Pavo: *pechuga, magra*
   molida
Pollo: *carne blanca*
   sin hueso, sin piel

Res en conserva
Res: *filete, magra molida*
Salchichas libres de
   nitratos: *pavo, pollo*
Sardinas, enlatadas en
   agua
Tocino de pavo: *libre de*
   nitratos

PROTEÍNA VEGETAL

Frijoles carita
Frijoles secos o enlatados:
   adzuki, negros,

peruanos, blancos,
alubias, lima, blancos
del norte, pintos

Garbanzos
Habas, frescas o enlatadas
Lentejas, lentejas amarillas

CALDOS, HIERBAS, ESPECIAS, CONDIMENTOS Y SUPLEMENTOS

Ajo, fresco
Caldo de tomate
Caldos: *res, pollo,*
   verduras*

Cátsup, sin azúcar
   añadida ni jarabe de
   maíz
Endulzantes: *Stevia, xilitol*

Extracto de vainilla o menta
Hierbas frescas: *todas*
   las clases
Hierbas secas: *todas*
   las clases

* Nota: Todos los caldos, si es posible, deben estar libres de aditivos y conservadores.

Jengibre, fresco
Levadura de cerveza:
    fresca y suplemento
Mostaza, preparada, seca
Pasta de tomate
Pepinillos, sin azúcar
    añadida
Rábano picante,
    preparado

Salsa
Sazonadores naturales:
    aminoácidos líquidos
    Bragg, aminoácidos de
    coco, salsa tamari
Sazonadores: *pimientas*
    negra y blanca, canela,
    chile en polvo, chile de
    árbol molido, comino,

curry en polvo, nuez
moscada, sal con
cebolla, cacao crudo
en polvo, cúrcuma,
sal de mar, sazonador
Simply Organic
Tés herbales sin cafeína o
    Pero
Vinagre: *cualquier clase*

GRANOS Y ALMIDONES

Amaranto
Arroz integral: *arroz,*
    cereal, galletas, harina,
    pasta, tortillas
Arroz salvaje
Arruruz
Avena: *cortada, entera*
Cebada

Espelta: *pasta, pretzels,*
    tortillas
Granos germinados:
    bagels, pan, tortillas
Kamut
Leche de arroz, simple
Mezcla para hornear sin
    gluten

Mijo
Queso o leche de arroz
    integral
Quinoa
Tapioca
Tef
Trigo sarraceno
Triticale

GRASAS SALUDABLES

Ninguna para esta fase

FASE 2

VERDURAS Y HOJAS VERDES (FRESCAS, ENLATADAS O CONGELADAS)

Apio
Arruruz
Arúgula
Berros
Cardo suizo

Cebollas: morada, blanca,
    dulce y amarilla
Cebollitas de cambray
Chalotes
Champiñones

Chiles verdes, jalapeños
Col berza
Col rizada
Col: *todos las clases*
Ejotes, ejotes franceses

Endivia
Ensalada de hojas verdes
Espirulina
Floretes de brócoli
Frijoles: peruanos
Hinojo

Hojas de mostaza
Jícama
Lechuga (cualquiera menos
    iceberg)
Pepinos: *cualquier
    clase*

Pimientos: *morrones,*
    peperoncino
Poros
Rábanos
Ruibarbo

FRUTAS (FRESCAS O CONGELADAS)

Limas

Limones

PROTEÍNA ANIMAL

Animales de caza: venado,
    avestruz, alce
Atún, fresco o en agua
Bacalao/filete
Carne de búfalo
Cecina, libre de nitratos:
    res, búfalo, pavo, alce,
    avestruz
Cerdo: *lomo, horneado*
Cordero, cortes magros,
    molido
Embutidos, libres de

nitratos: *rosbif, pollo,*
    pavo
Filete de gallo marino
Filete de lenguado
Filete de merluza
Huevos, sólo las claras
Ostiones, en agua
Pavo: *filetes de pechuga,*
    magra molida
Pollo: *carne blanca sin*
    hueso, sin piel
Res en conserva

Res, todos los cortes
    magros: *filete, lomo,*
    falda, pierna, filete
    con hueso, carne para
    estofado, magra molida
Salmón: *ahumado, libre de*
    nitratos
Sardinas, en agua
Tocino de pavo: *libre de*
    nitratos

PROTEÍNA VEGETAL

Nada para esta fase

CALDOS, HIERBAS, ESPECIAS, CONDIMENTOS Y SUPLEMENTOS

Ajo, fresco, en polvo
Caldos: *res, pollo, verduras**
Endulzantes: *Stevia, xilitol*

Extracto de vainilla o menta
Hierbas frescas: *todas las*
    clases

Hierbas secas: *todas las*
    clases
Jengibre, fresco

* Nota: Todos los caldos, si es posible, deben estar libres de aditivos y conservadores.

Levadura de cerveza: *fresca y suplemento*

Mostaza, preparada, seca

Pepinillos, sin azúcares añadidos

Rábano picante, preparado

Salsa Tabasco

Sazonadores naturales: *aminoácidos líquidos* *Bragg, aminoácidos de coco, salsa tamari*

Sazonadores: *pimientas negra y blanca, pimienta cayena, chile en polvo, pasta de chile, chile chipotle, canela, chile de árbol molido, comino, curry en polvo, pimienta con limón, humo líquido, nuez moscada, cebolla en polvo, cebolla con sal, páprika, polvo de cacao crudo, sal de mar*

Tés herbales sin cafeína o Pero

Vinagre, cualquier clase (excepto de arroz)

GRANOS Y ALMIDONES

Ninguno para esta fase

GRASAS SALUDABLES

Ninguna para esta fase

VERDURAS Y HOJAS VERDES (FRESCAS, ENLATADAS O CONGELADAS)

Alcachofas

Alga marina

Angú

Apio

Arruruz

Arúgula

Berenjena

Berros

Betabeles: *hojas y raíces*

Calabacitas y calabacitas amarillas

Camote amarillo/blanco

Cebollas

Cebollitas de cambray

Champiñones

Chiles verdes

Col berza

Col china

Col rizada

Col: *todas las clases*

Coles de Bruselas

Colirrábano

Corazones de palmito

Ejotes, ejotes franceses

Endivia

Endivia rizada

Espárragos

Espinacas

Espirulina

Floretes de coliflor

Frijoles: *peruanos*

Germinados

Hinojo

Jícama

Jitomates, frescos y de lata: *bola, saladet, cherry*

Lechuga (cualquiera menos iceberg)

Mezcla de hojas verdes

Pepinos

Pimientos: *morrones, peperoncino*

Poros

Rábanos

Ruibarbo

Zanahorias

FRUTAS (FRESCAS O CONGELADAS)

Arándanos
Cerezas
Ciruelas
Duraznos

Frambuesas
Limas
Limones
Moras azules

Toronja
Tunas
Zarzamoras

PROTEÍNA ANIMAL

Almejas
Arenque
Atún, fresco o enlatado en
    agua o aceite
Aves de caza: *faisán*
Calamares
Callos de hacha
Camarones
Cangrejo, carne
Carne de búfalo
Carne de langosta
Cerdo: *costillas, lomo*
Conejo
Cordero

Embutidos libres de
    nitratos: *pavo, pollo,*
    rosbif
Filete de halibut
Filete de robalo
Gallinetas
Hígado
Huevos, enteros
Ostiones
Pavo
Pollo: *sin hueso, sin piel,*
    carne oscura o blanca,
    molida
Raya

Res en conserva
Res: *filete, bistec, magra*
    molida, asada
Salchicha, libre de nitratos:
    pollo, pavo
Salmón, fresco, congelado
    o ahumado libre de
    nitratos
Sardinas, enlatadas en
    aceite de oliva
Tocino de pavo, libre de
    nitratos
Trucha

PROTEÍNA VEGETAL

Frijoles secos (o enlatados):
    adzuki, negros, habas,
    cannellini, blancos del

norte, alubias, lima,
    pintos, blancos
Garbanzos

Lentejas

GRANOS

Arroz negro
Arroz salvaje
Avena: *arrellanada,*
    tradicional

Cebada, negra o blanca
Granos germinados: *pan,*
    bagels, panecillos,
    tortillas

Quinoa
Tapioca

CALDOS, HIERBAS, ESPECIAS, CONDIMENTOS Y SUPLEMENTOS

Ajo, fresco

Algarrobo

Caldos: *res, pollo, verduras**

Cátsup, sin azúcares añadidos, sin jarabe de maíz

Endulzantes: *Stevia, xilitol*

Extracto de vainilla o menta

Hierbas frescas: *todas las clases*

Hierbas secas: *todas las clases*

Jengibre, fresco

Leche de almendras, sin endulzante

Leche de anacardo

Leche de cáñamo, sin endulzante

Levadura de cerveza: fresca y suplemento

Mostaza, preparada, seca

Pasta de tomate

Pepinillos, sin azúcares añadidos

Rábano picante, preparado

Salsa

Salsa de tomate, sin azúcares añadidos

Sazonadores naturales: *aminoácidos líquidos Bragg, aminoácidos de coco, salsa tamari*

Sazonadores: *pimienta negra y blanca, semillas de apio, sazonador de carne, canela, chile en polvo, chile de árbol molido, comino, curry en polvo, sal con cebolla, páprika, cacao crudo en polvo, cúrcuma, sal de mar, sazonador Simply Organic*

Tés herbales sin cafeína o Pero

Vinagre: *cualquier clase (excepto de arroz)*

GRASAS SALUDABLES

Aceites: *coco, semilla de uva, oliva, ajonjolí, ajonjolí tostado (oriental)*

Aceitunas

Aguacates

Coco, mantequilla de coco, leche de coco, crema de coco, agua de coco

Harinas de nueces

Humus

Mantequillas y pastas de nueces/semillas, crudas

Mayonesa, cártamo

Nueces, crudas: *almendras, anacardos, avellanas, pecanas, piñones, pistaches*

Semillas, crudas: *linaza, cáñamo, calabaza, ajonjolí, girasol*

Tahini

* Nota: Todos los caldos, si es posible, deben estar libres de aditivos y conservadores.

Muestras de los mapas de comidas

	Desayuno	Refrigerio	Comida	Refrigerio	Cena	Ejercicio	Agua
LUNES ___ am / pm Hora en que te levantas	___ am / pm ▪ F1 cereal cremoso de arroz integral con fruta	___ am / pm ▪ F1 ensalada de fruta	___ am / pm ▪ F1 sándwich de atún agrio y verduras	___ am / pm ▪ F1 ensalada de pepino y mandarina	___ am / pm ▪ F1 pasta con salsa de jitomate y carne en cocción lenta		
___ Peso							
MARTES ___ am / pm Hora en que te levantas	___ am / pm ▪ F1 panqueques de trigo sarraceno con salsa de zarzamora	___ am / pm ▪ F1 sandía con menta	___ am / pm ▪ F1 ensalada de espinacas con cerdo sasado y calabacitas	___ am / pm ▪ F1 sorbete de naranja	___ am / pm ▪ F1 curry de verduras		
___ Peso							

	Desayuno	Refrigerio	Comida	Refrigerio	Cena	Ejercicio	Agua
MIÉRCOLES ____ am / pm Hora en que te levantas ____ Peso	____ am / pm ▪ F2 espinacas y champiñones revueltos	____ am / pm ▪ F2 salmón ahumado y apio	____ am / pm ▪ F2 ensalada de atún en hojas de endivia	____ am / pm ▪ F2 ensalada de huevo y mostaza	____ am / pm ▪ F2 lomo de cerdo al romero y verduras de hoja verde con pimienta		
JUEVES ____ am / pm Hora en que te levantas ____ Peso	____ am / pm ▪ F2 jícama con tocino y lima	____ am / pm ▪ F2 salmón ahumado y pepinos	____ am / pm ▪ F2 ensalada de puntas de búfalo	____ am / pm ▪ F2 pepinillos envueltos con rosbif	____ am / pm ▪ F2 pastel de pavo y espárragos		

	Desayuno	Refrigerio	Comida	Refrigerio	Cena	Ejercicio	Agua
VIERNES — am / pm ____ Hora en que te levantas — ____ Peso	____ am / pm ■ F3 omelette de espinacas y champiñones	____ am / pm ■ F3 humus de berenjena con verduras crudas	____ am / pm ■ F3 crema de espárragos	____ am / pm ■ F3 ¼ de taza de piñones	____ am / pm ■ F3 lentejas saladas y verduras salteadas		
SÁBADO — am / pm ____ Hora en que te levantas — ____ Peso	____ am / pm ■ F3 licuado de aguacate	____ am / pm ■ F3 botana de col rizada	____ am / pm ■ F3 ensalada de alcachofas con aguacate y corazones de palmito	____ am / pm ■ F3 huevos rellenos	____ am / pm ■ F3 arroz frito con pavo y verduras		
DOMINGO — am / pm ____ Hora en que te levantas — ____ Peso	____ am / pm ■ F3 avena con frambuesas	____ am / pm ■ F3 alcachofas aderezadas con limón	____ am / pm ■ F3 envuelto de lechuga con pollo y humus de camote amarillo	____ am / pm ■ F3 frituras horneadas de camote amarillo	____ am / pm ■ F3 sopa de pollo, champiñones y cebada		

[235]

MAPA DE COMIDAS DE LA SEGUNDA SEMANA

	Desayuno	Refrigerio	Comida	Refrigerio	Cena	Ejercicio	Agua
LUNES _____ am / pm Hora en que te levantas _____ Peso	_____ am / pm • F1 duraznos con canela sobre pan tostado	_____ am / pm • F1 manzana	_____ am / pm • F1 pavo mediterráneo y arroz salvaje	_____ am / pm • F1 manzana horneada crujiente	_____ am / pm • F1 gallinetas rellenas		
MARTES _____ am / pm Hora en que te levantas _____ Peso	_____ am / pm • F1 cereal caliente de quinoa	_____ am / pm • F1 pera asiática	_____ am / pm • F1 sopa de calabaza mantequilla molida	_____ am / pm • F1 papaya con jugo de lima	_____ am / pm • F1 res en conserva y col en cocción lenta		

	Desayuno	Refrigerio	Comida	Refrigerio	Cena	Ejercicio	Agua
___ am / pm Hora en que te levantas **MIÉRCOLES** ___ Peso	___ am / pm ▪ F2 desayuno sureño salteado	___ am / pm ▪ F2 albóndigas de la huerta	___ am / pm ▪ F2 envuelto de búfalo	___ am / pm ▪ F2 paté de sardinas silvestres	___ am / pm ▪ F2 envueltos de lechugas y fajitos de res		
___ am / pm Hora en que te levantas **JUEVES** ___ Peso	___ am / pm ▪ F2 merengue de ruibarbo	___ am / pm ▪ F2 envueltos de lechugas y fajitos de res	___ am / pm ▪ F2 pastel de carne de pavo casero y brócoli hervido	___ am / pm ▪ F2 albóndigas de la huerta	___ am / pm ▪ F2 bacalao horneado y verduras		

	Desayuno	Refrigerio	Comida	Refrigerio	Cena	Ejercicio	Agua
VIERNES ___ am / pm Hora en que te levantas ___ Peso	___ am / pm • F3 huevo frito con espinacas	___ am / pm • F3 ensalada de champiñones y espinacas	___ am / pm • F3 ensalada de cangrejo	___ am / pm • F3 humus de berenjena con verduras crudas	___ am / pm • F3 arroz con pavo y pimiento, y coliflor hervida para acompañar		
SÁBADO ___ am / pm Hora en que te levantas ___ Peso	___ am / pm • F3 burrito para desayunar	___ am / pm • F3 verduras y humus	___ am / pm • F3 crema de poro y coliflor	___ am / pm • F3 ostiones ahumados y pepinos	___ am / pm • F3 chili vegetariano de cuatro frijoles		
DOMINGO ___ am / pm Hora en que te levantas ___ Peso	• F3 licuado de betabel y col rizada y 1 rebanada de pan Ezequiel con mantequilla de almendra	• F3 apio con mantequilla de almendra	• F3 ensalada de salmón	• F3 licuado de aguacate	• F3 gallinetas rellenas de champiñones y quinoa, y mezcla de hojas verdes para acompañar		

MAPA DE COMIDAS DE LA TERCERA SEMANA

	Desayuno	Refrigerio	Comida	Refrigerio	Cena	Ejercicio	Agua
___ am / pm Hora en que te levantes	___ am / pm	___ am / pm	___ am / pm	___ am / pm	___ am / pm		
LUNES	▪ F1 cereal caliente de quinoa	▪ F1 taza de mango	▪ F1 gazpacho helado con trozos de sandía	▪ F1 licuado de manzana verde	▪ F1 sopa de calabaza, jengibre y poro		
___ Peso							
___ am / pm Hora en que te levantes	___ am / pm	___ am / pm	___ am / pm	___ am / pm	___ am / pm		
MARTES	▪ F1 tapioca de chabacano	▪ F1 licuado tropical	▪ F1 envuelto de pavo estilo "Sucio Joe"	▪ F1 sorbete de fresa y betabel	▪ F1 tostadas		
___ Peso							

	Desayuno	Refrigerio	Comida	Refrigerio	Cena	Ejercicio	Agua
MIÉRCOLES _____ am / pm Hora en que te levantas _____ Peso	_____ am / pm ■ F2 licuado desintoxicante	_____ am / pm ■ F2 frituras de tocino de pavo y salsa veraniega	_____ am / pm ■ F2 lomo de cerdo al romero y verduras de hoja verde con pimienta	_____ am / pm ■ F2 ensalada de huevo y mostaza	_____ am / pm ■ F2 ensalada de filete Nueva York y brócoli		
JUEVES _____ am / pm Hora en que te levantas _____ Peso	_____ am / pm ■ F2 claras cocidas, rellenas de verduras picadas finamente	_____ am / pm ■ F2 ensalada de filete Nueva York y brócoli en tazones de lechuga	_____ am / pm ■ F2 ensalada caliente de espárragos y tocino	_____ am / pm ■ F2 cecina de tofu y pimiento	_____ am / pm ■ F2 pollo con limón, mostaza y pimiento		

	Desayuno	Refrigerio	Comida	Refrigerio	Cena	Ejercicio	Agua
VIERNES _____ am / pm Hora en que te levantas _____ Peso	am / pm ■ F3 cereal caliente de anacardo y quinoa	am / pm ■ F3 ¼ de taza de anacardos crudos	am / pm ■ F3 envuelto de lechuga con aguacate y pavo	am / pm ■ F3 frituras horneadas de camote amarillo y tallos de espárragos	am / pm ■ F3 sopa de pollo, champiñones y cebada		
SÁBADO _____ am / pm Hora en que te levantas _____ Peso	am / pm ■ F3 panqueques de avena, almendra y frutos del bosque	am / pm ■ F3 verduras y humus	am / pm ■ F3 envuelto de lechuga con aguacate y pavo con humus de camote amarillo	am / pm ■ F3 alcachofas aderezadas con limón	am / pm ■ F3 camarones al jengibre con verduras salteadas		
DOMINGO _____ am / pm Hora en que te levantas _____ Peso	am / pm ■ F3 tapioca de durazno y coco	am / pm ■ F3 licuado de aguacate	am / pm ■ F3 ensalada de salmón	am / pm ■ F3 huevos rellenos	am / pm ■ F3 tazón con chili de fajitas de pollo		

MAPA DE COMIDAS DE LA CUARTA SEMANA

	Desayuno	Refrigerio	Comida	Refrigerio	Cena	Ejercicio	Agua
___ am / pm Hora en que te levantas	___ am / pm	___ am / pm	___ am / pm	___ am / pm	___ am / pm		
LUNES	▪ F1 cereal caliente de quinoa	▪ F1 papaya con jugo de lima	▪ F1 envuelto de pavo estilo "Sucio Joe"	▪ F1 2 mandarinas	▪ F1 lenguado con jitomate y arroz integral		
___ Peso							
___ am / pm Hora en que te levantas	___ am / pm	___ am / pm	___ am / pm	___ am / pm	___ am / pm		
MARTES	▪ F1 tortitas picantes de arroz salvaje	▪ F1 manzana horneada crujiente	▪ F1 sopa de zanahoria, naranja y jengibre	▪ F1 taza de piña	▪ F1 ensalada tibia de bistec sobre una cama de espinacas		
___ Peso							

[242]

	Desayuno	Refrigerio	Comida	Refrigerio	Cena	Ejercicio	Agua
_____ am / pm Hora en que te levantas **MIÉRCOLES** _____ Peso	_____ am / pm ■ F2 espinacas y champiñones revueltos	_____ am / pm ■ F2 frituras de tocino de pavo y salsa veraniega	_____ am / pm ■ F2 bistec asado con costra de mostaza	_____ am / pm ■ F2 albóndigas de la huerta	_____ am / pm ■ F2 pollo con hongos shiitake y hojas de mostaza		
_____ am / pm Hora en que te levantas **JUEVES** _____ Peso	_____ am / pm ■ F2 bistec con huevo	_____ am / pm ■ F2 cecina de pavo y pepinos	_____ am / pm ■ F2 ensalada de puntas de búfalo	_____ am / pm ■ F2 salmón ahumado y pepinos	_____ am / pm ■ F2 kebabs de pollo marinado y verduras		

	Desayuno	Refrigerio	Comida	Refrigerio	Cena	Ejercicio	Agua
VIERNES am / pm ___ Hora en que te levantas Peso ___	am / pm ___ • F3 huevo frito con espinacas	am / pm ___ • F3 licuado de coco y cereza, con rábanos	am / pm ___ • F3 sopa de espárragos y camote amarillo	am / pm ___ • F3 verduras con salsa de aguacate y lima	am / pm ___ • F3 ensalada de quinoa con rábanos y frijoles negros, y poros salteados para acompañar		
SÁBADO am / pm ___ Hora en que te levantas Peso ___	am / pm ___ • F3 licuado de betabel y col rizada y 1 rebanada de pan Ezequiel con mantequilla de almendras	am / pm ___ • F3 licuado de frambuesa y leche de almendras, y zanahorias	am / pm ___ • F3 ensalada de jengibre y lentejas	am / pm ___ • F3 verduras con salsa de aguacate y lima	am / pm ___ • F3 arroz frito con pavo y verduras		
DOMINGO am / pm ___ Hora en que te levantas Peso ___	am / pm ___ • F3 sándwich caliente de jitomate y atún	am / pm ___ • F3 cerezas cubiertas de chocolate	am / pm ___ • F3 pollo al curry en cocción lenta	am / pm ___ • F3 canapés de sardina y pepino	am / pm ___ • F3 ensalada de arroz salvaje y frijoles negros		

SEMANA VEGETARIANA ADICIONAL

	Desayuno	Refrigerio	Comida	Refrigerio	Cena	Ejercicio	Agua
____ am / pm Hora en que te levantas **LUNES** ____ Peso	____ am / pm ▪ F1 cereal cremoso de arroz integral	____ am / pm ▪ F1 manzana con canela espolvoreada	____ am / pm ▪ F1 ensalada de jícama y cinco tipos de frijoles	____ am / pm ▪ F1 duraznos con jengibre	____ am / pm ▪ F1 salteado de camote amarillo y brócoli		
____ am / pm Hora en que te levantas **MARTES** ____ Peso	____ am / pm ▪ F1 tapioca de chabacano	____ am / pm ▪ F1 licuado tropical	____ am / pm ▪ F1 sopa de zanahoria, naranja y jengibre	____ am / pm ▪ F1 sandía con menta	____ am / pm ▪ F1 tostadas, acompañadas con espinacas salteadas		

FASE 1: SOSEGAR EL ESTRÉS

	Desayuno	Refrigerio	Comida	Refrigerio	Cena	Ejercicio	Agua
_____ am / pm Hora en que te levantas	_____ am / pm	_____ am / pm	_____ am / pm	_____ am / pm	_____ am / pm		
MIÉRCOLES	▪ F2 merengue de ruibarbo	▪ F2 ensalada de huevo y mostaza	▪ F2 omelette de claras y brócoli, acompañado de espárragos asados	▪ F2 merengue de limón	▪ F2 hongos portobello y hojas de mostaza		
_____ Peso							
_____ am / pm Hora en que te levantas	_____ am / pm	_____ am / pm	_____ am / pm	_____ am / pm	_____ am / pm		
JUEVES	▪ F2 claras cocidas, rellenas de verduras picadas finamente	▪ F2 trozones de lechuga que sobraron, con aderezo	▪ F2 omelette de claras y brócoli con ensalada de hojas verdes, cebolla y champiñones	▪ F2 cecina de tofu y pimienta	▪ F2 claras revueltos de la huerta		
_____ Peso							

	Desayuno	Refrigerio	Comida	Refrigerio	Cena	Ejercicio	Agua
VIERNES _____ am / pm Hora en que te levantas _____ Peso	• F3 tapioca de durazno y coco	• F3 humus de berenjena con verduras crudas	• F3 ensalada de alcachofas con aguacate y corazones de palmito	• F3 botana de col rizada	• F3 crema de espárragos acompañada de retoños de coles de Bruselas		
SÁBADO _____ am / pm Hora en que te levantas _____ Peso	• F3 panqueques de almendra y frutos del bosque acompañados de jícama	• F3 ¼ de taza de almendras crudas y 1 pimiento morrón rebanado	• F3 ensalada de jengibre y lentejas	• F3 frituras horneadas de camote amarillo	• F3 chili vegetariano de cuatro frijoles		
DOMINGO _____ am / pm Hora en que te levantas _____ Peso	• F3 huevo frito con espinacas	• F3 budín de coco y almendra	• F3 sopa de espárragos y camote amarillo	• F3 licuado de aguacate	• F3 lentejas saladas y verduras salteadas		

Mapas de comidas en blanco

	Desayuno	Refrigerio	Comida	Refrigerio	Cena	Ejercicio	Agua
___ am / pm Hora en que te levantas	___ am / pm	___ am / pm	___ am / pm	___ am / pm	___ am / pm		
LUNES	▪ F1 grano ▪ F1 fruta	▪ F1 fruta	▪ F1 grano ▪ F1 proteína ▪ F1 fruta ▪ F1 verdura	▪ F1 fruta	▪ F1 grano ▪ F1 proteína ▪ F1 verdura		
___ Peso							
___ am / pm Hora en que te levantas	___ am / pm	___ am / pm	___ am / pm	___ am / pm	___ am / pm		
MARTES	▪ F1 grano ▪ F1 fruta	▪ F1 fruta	▪ F1 grano ▪ F1 proteína ▪ F1 fruta ▪ F1 verdura	▪ F1 fruta	▪ F1 grano ▪ F1 proteína ▪ F1 verdura		
___ Peso							

FASE 1: SOSEGAR EL ESTRÉS

	Desayuno	Refrigerio	Comida	Refrigerio	Cena	Ejercicio	Agua
_____ am / pm Hora en que te levantas **MIÉRCOLES** _____ Peso	_____ am / pm	_____ am / pm	_____ am / pm	_____ am / pm	_____ am / pm		
	▪ F2 proteína ▪ F2 verdura	▪ F2 proteína	▪ F2 proteína ▪ F2 verdura	▪ F2 proteína	▪ F2 proteína ▪ F2 verdura		
_____ am / pm Hora en que te levantas **JUEVES** _____ Peso	_____ am / pm	_____ am / pm	_____ am / pm	_____ am / pm	_____ am / pm		
	▪ F2 proteína ▪ F2 verdura	▪ F2 proteína	▪ F2 proteína ▪ F2 verdura	▪ F2 proteína	▪ F2 proteína ▪ F2 verdura		

FASE 3: DESATAR LA QUEMA

	Desayuno	Refrigerio	Comida	Refrigerio	Cena	Ejercicio	Agua
VIERNES ____ am / pm Hora en que te levantas ____ Peso	____ am / pm • F3 fruta • F3 grasa saludable/proteína • F3 grano • F3 verdura	____ am / pm • F3 verdura • F3 grasa saludable/proteína	____ am / pm • F3 grasa saludable/proteína • F3 verdura • F3 fruta	____ am / pm • F3 verdura • F3 grasa saludable/proteína	____ am / pm • F3 grasa saludable/proteína • F3 verdura • F3 grano (opcional)		
SÁBADO ____ am / pm Hora en que te levantas ____ Peso	____ am / pm • F3 fruta • F3 grasa saludable/proteína • F3 grano • F3 verdura	____ am / pm • F3 verdura • F3 grasa saludable/proteína	____ am / pm • F3 grasa saludable/proteína • F3 verdura • F3 fruta	____ am / pm • F3 verdura • F3 grasa saludable/proteína	____ am / pm • F3 grasa saludable/proteína • F3 verdura • F3 grano (opcional)		
DOMINGO ____ am / pm Hora en que te levantas ____ Peso	____ am / pm • F3 fruta • F3 grasa saludable/proteína • F3 grano • F3 verdura	____ am / pm • F3 verdura • F3 grasa saludable/proteína	____ am / pm • F3 grasa saludable/proteína • F3 verdura • F3 fruta	____ am / pm • F3 verdura • F3 grasa saludable/proteína	____ am / pm • F3 grasa saludable/proteína • F3 verdura • F3 grano (opcional)		

MAPA DE COMIDAS EN BLANCO

FASE 1: SOSEGAR EL ESTRÉS

	Desayuno	Refrigerio	Comida	Refrigerio	Cena	Ejercicio	Agua
____ am / pm Hora en que te levantas **LUNES** ____ Peso	____ am / pm • F1 grano • F1 fruta	____ am / pm • F1 fruta	____ am / pm • F1 grano • F1 proteína • F1 fruta • F1 verdura	____ am / pm • F1 fruta	____ am / pm • F1 grano • F1 proteína • F1 verdura		
____ am / pm Hora en que te levantas **MARTES** ____ Peso	____ am / pm • F1 grano • F1 fruta	____ am / pm • F1 fruta	____ am / pm • F1 grano • F1 proteína • F1 fruta • F1 verdura	____ am / pm • F1 fruta	____ am / pm • F1 grano • F1 proteína • F1 verdura		

	Desayuno	Refrigerio	Comida	Refrigerio	Cena	Ejercicio	Agua
MIÉRCOLES ___ am / pm Hora en que te levantas	___ am / pm ■ F2 proteína ■ F2 verdura	___ am / pm ■ F2 proteína	___ am / pm ■ F2 proteína ■ F2 verdura	___ am / pm ■ F2 proteína	___ am / pm ■ F2 proteína ■ F2 verdura		
___ Peso							
JUEVES ___ am / pm Hora en que te levantas	___ am / pm ■ F2 proteína ■ F2 verdura	___ am / pm ■ F2 proteína	___ am / pm ■ F2 proteína ■ F2 verdura	___ am / pm ■ F2 proteína	___ am / pm ■ F2 proteína ■ F2 verdura		
___ Peso							

FASE 2: DESBLOQUEAR LAS RESERVAS DE GRASA

[253]

	Desayuno	Refrigerio	Comida	Refrigerio	Cena	Ejercicio	Agua
VIERNES _____ am / pm Hora en que te levantas _____ Peso	_____ am / pm ▪ F3 fruta ▪ F3 grasa saludable/proteína ▪ F3 grano ▪ F3 verdura	_____ am / pm ▪ F3 verdura ▪ F3 grasa saludable/proteína	_____ am / pm ▪ F3 grasa saludable/proteína ▪ F3 verdura ▪ F3 fruta	_____ am / pm ▪ F3 verdura ▪ F3 grasa saludable/proteína	_____ am / pm ▪ F3 grasa saludable/proteína ▪ F3 verdura ▪ F3 grano (opcional)		
SÁBADO _____ am / pm Hora en que te levantas _____ Peso	_____ am / pm ▪ F3 fruta ▪ F3 grasa saludable/proteína ▪ F3 grano ▪ F3 verdura	_____ am / pm ▪ F3 verdura ▪ F3 grasa saludable/proteína	_____ am / pm ▪ F3 grasa saludable/proteína ▪ F3 verdura ▪ F3 fruta	_____ am / pm ▪ F3 verdura ▪ F3 grasa saludable/proteína	_____ am / pm ▪ F3 grasa saludable/proteína ▪ F3 verdura ▪ F3 grano (opcional)		
DOMINGO _____ am / pm Hora en que te levantas _____ Peso	_____ am / pm ▪ F3 fruta ▪ F3 grasa saludable/proteína ▪ F3 grano ▪ F3 verdura	_____ am / pm ▪ F3 verdura ▪ F3 grasa saludable/proteína	_____ am / pm ▪ F3 grasa saludable/proteína ▪ F3 verdura ▪ F3 fruta	_____ am / pm ▪ F3 verdura ▪ F3 grasa saludable/proteína	_____ am / pm ▪ F3 grasa saludable/proteína ▪ F3 verdura ▪ F3 grano (opcional)		

MAPA DE COMIDAS EN BLANCO

	Desayuno	Refrigerio	Comida	Refrigerio	Cena	Ejercicio	Agua
____ am / pm Hora en que te levantas	____ am / pm	____ am / pm	____ am / pm	____ am / pm	____ am / pm		
LUNES	▪ F1 grano ▪ F1 fruta	▪ F1 fruta	▪ F1 grano ▪ F1 proteína ▪ F1 fruta ▪ F1 verdura	▪ F1 fruta	▪ F1 grano ▪ F1 proteína ▪ F1 verdura		
____ Peso							
____ am / pm Hora en que te levantas	____ am / pm	____ am / pm	____ am / pm	____ am / pm	____ am / pm		
MARTES	▪ F1 grano ▪ F1 fruta	▪ F1 fruta	▪ F1 grano ▪ F1 proteína ▪ F1 fruta ▪ F1 verdura	▪ F1 fruta	▪ F1 grano ▪ F1 proteína ▪ F1 verdura		
____ Peso							

FASE 1: SOSEGAR EL ESTRÉS

	Desayuno	Refrigerio	Comida	Refrigerio	Cena	Ejercicio	Agua
_____ am / pm Hora en que te levantas	_____ am / pm	_____ am / pm	_____ am / pm	_____ am / pm	_____ am / pm		
MIÉRCOLES	▪ F2 proteína ▪ F2 verdura	▪ F2 proteína	▪ F2 proteína ▪ F2 verdura	▪ F2 proteína	▪ F2 proteína ▪ F2 verdura		
_____ Peso							
_____ am / pm Hora en que te levantas	_____ am / pm	_____ am / pm	_____ am / pm	_____ am / pm	_____ am / pm		
JUEVES	▪ F2 proteína ▪ F2 verdura	▪ F2 proteína	▪ F2 proteína ▪ F2 verdura	▪ F2 proteína	▪ F2 proteína ▪ F2 verdura		
_____ Peso							

[256]

FASE 3: DESATAR LA QUEMA

	Desayuno	Refrigerio	Comida	Refrigerio	Cena	Ejercicio	Agua
VIERNES ___ am / pm Hora en que te levantas ___ Peso	___ am / pm • F3 fruta • F3 grasa saludable/proteína • F3 grano • F3 verdura	___ am / pm • F3 verdura • F3 grasa saludable/proteína	___ am / pm • F3 grasa saludable/proteína • F3 verdura • F3 fruta	___ am / pm • F3 verdura • F3 grasa saludable/proteína	___ am / pm • F3 grasa saludable/proteína • F3 verdura • F3 grano (opcional)		
SÁBADO ___ am / pm Hora en que te levantas ___ Peso	___ am / pm • F3 fruta • F3 grasa saludable/proteína • F3 grano • F3 verdura	___ am / pm • F3 verdura • F3 grasa saludable/proteína	___ am / pm • F3 grasa saludable/proteína • F3 verdura • F3 fruta	___ am / pm • F3 verdura • F3 grasa saludable/proteína	___ am / pm • F3 grasa saludable/proteína • F3 verdura • F3 grano (opcional)		
DOMINGO ___ am / pm Hora en que te levantas ___ Peso	___ am / pm • F3 fruta • F3 grasa saludable/proteína • F3 grano • F3 verdura	___ am / pm • F3 verdura • F3 grasa saludable/proteína	___ am / pm • F3 grasa saludable/proteína • F3 verdura • F3 fruta	___ am / pm • F3 verdura • F3 grasa saludable/proteína	___ am / pm • F3 grasa saludable/proteína • F3 verdura • F3 grano (opcional)		

MAPA DE COMIDAS EN BLANCO

	Desayuno	Refrigerio	Comida	Refrigerio	Cena	Ejercicio	Agua
___ am / pm Hora en que te levantas	___ am / pm	___ am / pm	___ am / pm	___ am / pm	___ am / pm		
LUNES	■ F1 grano ■ F1 fruta	■ F1 fruta	■ F1 grano ■ F1 proteína ■ F1 fruta ■ F1 verdura	■ F1 fruta	■ F1 grano ■ F1 proteína ■ F1 verdura		
___ Peso							
___ am / pm Hora en que te levantas	___ am / pm	___ am / pm	___ am / pm	___ am / pm	___ am / pm		
MARTES	■ F1 grano ■ F1 fruta	■ F1 fruta	■ F1 grano ■ F1 proteína ■ F1 fruta ■ F1 verdura	■ F1 fruta	■ F1 grano ■ F1 proteína ■ F1 verdura		
___ Peso							

FASE 1: SOSEGAR EL ESTRÉS

	Desayuno	Refrigerio	Comida	Refrigerio	Cena	Ejercicio	Agua
_____ am / pm Hora en que te levantas MIÉRCOLES _____ Peso	_____ am / pm ▪ F2 proteína ▪ F2 verdura	_____ am / pm ▪ F2 proteína	_____ am / pm ▪ F2 proteína ▪ F2 verdura	_____ am / pm ▪ F2 proteína	_____ am / pm ▪ F2 proteína ▪ F2 verdura		
_____ am / pm Hora en que te levantas JUEVES _____ Peso	_____ am / pm ▪ F2 proteína ▪ F2 verdura	_____ am / pm ▪ F2 proteína	_____ am / pm ▪ F2 proteína ▪ F2 verdura	_____ am / pm ▪ F2 proteína	_____ am / pm ▪ F2 proteína ▪ F2 verdura		

[259]

FASE 3: DESATAR LA QUEMA

	Desayuno	Refrigerio	Comida	Refrigerio	Cena	Ejercicio	Agua
VIERNES Hora en que te levantas _____ am / pm Peso _____	_____ am / pm ■ F3 fruta ■ F3 grasa saludable/proteína ■ F3 grano ■ F3 verdura	_____ am / pm ■ F3 verdura ■ F3 grasa saludable/proteína	_____ am / pm ■ F3 grasa saludable/proteína ■ F3 verdura ■ F3 fruta	_____ am / pm ■ F3 verdura ■ F3 grasa saludable/proteína	_____ am / pm ■ F3 grasa saludable/proteína ■ F3 verdura ■ F3 grano (opcional)		
SÁBADO Hora en que te levantas _____ am / pm Peso _____	_____ am / pm ■ F3 fruta ■ F3 grasa saludable/proteína ■ F3 grano ■ F3 verdura	_____ am / pm ■ F3 verdura ■ F3 grasa saludable/proteína	_____ am / pm ■ F3 grasa saludable/proteína ■ F3 verdura ■ F3 fruta	_____ am / pm ■ F3 verdura ■ F3 grasa saludable/proteína	_____ am / pm ■ F3 grasa saludable/proteína ■ F3 verdura ■ F3 grano (opcional)		
DOMINGO Hora en que te levantas _____ am / pm Peso _____	_____ am / pm ■ F3 fruta ■ F3 grasa saludable/proteína ■ F3 grano ■ F3 verdura	_____ am / pm ■ F3 verdura ■ F3 grasa saludable/proteína	_____ am / pm ■ F3 grasa saludable/proteína ■ F3 verdura ■ F3 fruta	_____ am / pm ■ F3 verdura ■ F3 grasa saludable/proteína	_____ am / pm ■ F3 grasa saludable/proteína ■ F3 verdura ■ F3 grano (opcional)		

Las recetas de La dieta del metabolismo acelerado de Haylie Pomroy
se terminó de imprimir en octubre de 2015
en los talleres de
Litográfica Ingramex, S.A. de C.V.
Centeno 162-1, Col. Granjas Esmeralda, C.P. 09810 México, D.F.